Inspiration

OSTSEE
MIT RÜGEN

Natur- und Wanderhighlights

45

Touren & Tipps

DER INHALT

OUTDOOR-TOUREN
& TIPPS

45

INSPIRATION

Kleine Dörfer, magische Wasserfälle, versteckte Badeplätze, steile Gipfel, verborgene Buchten und bezaubernde Aussichten. Einfach aufbrechen und neue Orte erkunden – was gibt es Schöneres? Damit du deine Zeit nicht mit Suchen verbringst und gleich die schönsten Ziele ansteuerst gibt es die Reihe *Inspirations.*

Eine Sammlung an Outdoor-Zielen, die sich zudem noch mit einer Wandertour verbinden lassen. Wir präsentieren dir ausgewählte Highlights aus der Region, Sehenswürdigkeiten, Geheimtipps und traumhafte Naturperlen – *Inspiration im Hosentaschenformat* für deinen Aufenthalt.

Mit unseren *Inspirationen* sind herrliche Outdoor-Erlebnisse garantiert. Die Auswahl stammt aus unseren renommierten KOMPASS-Wanderführern, in welchen die vollständigen Wandertouren-Beschreibungen zu finden sind.

Der KOMPASS-Verlag ist bekannt für seine Wanderkarten. Damit du dich noch besser auf deine Entdeckertouren vorbereiten kannst und vor Ort immer weißt wo du bist, gibt es die Touren & die passenden GPX-Tracks gratis in der KOMPASS-App.

WISSEN, WO ES LANG GEHT!
KOMPASS-APP & GPX-TRACKS

Alle Touren in der KOMPASS-App!

Wir erklären dir, wie es geht: Einfach QR-Code scannen, oder Seite über den Link aufrufen, der Anleitung folgen und los geht's!

https://link.kompass.de/79w5q

GPX-Track zum Download:

Für das Navigationsgerät deiner Wahl haben wir alle Touren auch als GPX-Track auf unserer Homepage.

https://link.kompass.de/1ypmg

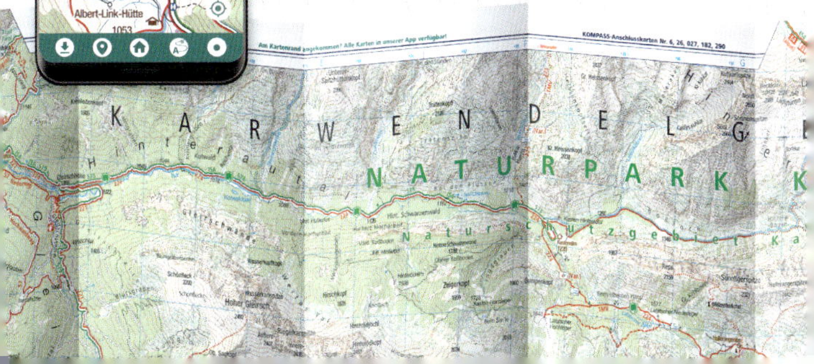

ÜBERSICHTSKARTE

45
INSPIRATIONEN

Hjelm Bugt

Dranske

18 17
19
15 16

20 21 22 23
24
Sassnitz
28 27 25
26
Bergen auf 30 29
Rügen 31
38 37 Sellin 32
12 40 36 35 33 34
Prerow 13 14 39
Barth Prohn
Nustrow Stralsund Rügischer Bodden
Saal Velgast Greifswalder Bodden
nitz-Damgarten Steinhagen Pommersche Bucht
Wittenhagen 41
Drechow Lubmin
Sanitz Grimmen Zinnowitz
Greifswald Wolgast 42
43 44
Karlsburg Heringsdorf

A20
Demmin Anklam 45
Jördenstorf Oderhaff
Borrentin Burow Ueckermünde
Teterow
Lalendorf Ferdinandshof
Friedland Jatznick
Jürgenstorf
Rosenow
A19 Neubrandenburg Pasewalk
Grabowhöfe Möllenhagen
Waren (Müritz)
Malchow

Neustrel

OSTSEE & RÜGEN
und alles rundherum.

Deutsche Ostseeküste

Die Ostseeküste zwischen Flensburg und Usedom wird durch den steten Wechsel zwischen imposanten und doch so fragilen Steilküsten und Flachküsten geprägt. Die landschaftliche Vielfalt ist groß: Es gibt Halbinseln, Landvorsprünge, Buchten, lange Ausgleichsküsten mit Strandseen und Dünenwällen, urwüchsige Wälder mit bizarr geformten Bäumen und Bodden, deren Bedeutung der Nationalpark Vorpommersche Boddenlandschaft unterstreicht. In der Ostsee liegen zudem die drei größten Inseln Deutschlands: Rügen, Usedom und Fehmarn. Der National-park Jasmund auf Rügen schützt die weiße Kreideküste und die uralten Buchenwälder der Insel.

Der Fremdenverkehr hat eine lange Tradition und so finden sich entlang der Ostsee mondäne Seebäder mit strahlend weißer Bäderarchitektur und weit in die Ostsee ragenden Seebrücken neben beschaulichen Fischerdörfern mit reetgedeckten Katen und geschichtsträchtigen Hansestädten mit Zeugnissen norddeutscher Backsteingotik.

Rügen

Die Ostseeinsel Rügen ist mit 926 km^2 die größte Insel Deutschlands. Wahrzeichen ist der Königsstuhl im Nationalpark Jasmund an der Kreidefelsenküste, die Buchenwälder der Stubnitz gehören zum UNESCO-Weltnaturerbe Alte Buchenwälder Deutschlands.

Greifswalder Bodden und Strelasund trennen sie im Süden und Südwesten von der vorpommerschen Küste, im Norden markiert in der Ostsee Kap Arkona auf der Halbinsel Wittow den nördlichsten Punkt Ostdeutschlands, und der Piekberg auf der Halbinsel Jasmund bildet mit 161 m die höchste Erhebung aller deutschen Inseln. Während die südlich vorgelagerte Naturschutzinsel Vilm nur mit dem Boot erreichbar ist, ist die „Kranichinsel" Ummanz im Westen mit Rügen durch eine Brücke verbunden, und noch ein kurzes Stück weiter westlich liegt 30 Fährminuten entfernt die autofreie Insel Hiddensee mit dem Dorf Kloster,

einem der berühmtesten deutschen Seebäder. Die „Inselhauptstadt" Bergen liegt in der Mitte der Insel.

Entstehung

Zwar ist Rügen flächenmäßig größer als das Bundesland Berlin, dennoch gibt es keine Stelle auf Rügen, die mehr als 8 km vom Wasser entfernt liegt: Rügen ist nicht eine einzige Insel, sondern ein Ensemble mehrerer Inseln, die nach der teilweisen Überflutung nach dem Ende der letzten Eiszeit vor 10.000 Jahren durch Nehrungen, Haken und andere Sandverfrachtungen zusammengewachsen sind und weiter zusammenwachsen. Die größten sind die eigentliche Insel Rügen, die Halbinsel Mönchgut im Südosten, die Halbinsel Jasmund im Osten und die Halbinsel Wittow im Norden. Durch die Verfrachtungen und Anlandungen entstand die vergleichsweise riesige Küstenlinie von etwa 580 km Länge, obwohl die Insel nur eine maximale Nord-Süd-Ausdehnung von 50 km und eine maximale West-Ost-Ausdehnung von 40 km erreicht.

Die Gletscher, die während der letzten Eiszeit von Skandinavien aus nach Süden vorgestoßen waren, hinterließen nach ihrem Abschmelzen vor etwa 10.000 Jahren eine gigantische Jungmoränenlandschaft aus fruchtbaren Grundmoränen (das ehemalige „Flussbett" der Gletscher), hoch aufragenden Endmoränen (die die Gletscher vor sich hergeschoben hatten) und anderen Geländeformen. Mit zunehmender Er-

wärmung des Klimas stieg der Meeresspiegel an und verschob die Küstenlinie stetig nach Süden, große Teile der Jungmoränenlandschaft „ertranken", wobei aus der See wie ein Archipel nur noch die hohen Endmoränen als Inseln ragten; diese Endmoränen bilden die später zusammengewachsenen „Inselkerne" Rügens, während die gefluteten Zungenbecken der Grundmoränen die Urformen der heutigen Boddenküste sind.

Tourismusverband
Mecklenburg-Vorpommern
Konrad-Zuse-Str. 2
18057 Rostock

Telefon 0049-381-4030550
www.auf-nach-mv.de/

MOIN, MOIN AN DER
OSTSEE &
AUF RÜGEN

INSPIRATIONEN
IM
WESTEN

Norburg

Rudkøbing

Marstal

Horslunde

Flensbur Förde

Marstal Bugt

Nakskov

Søllested

Gelting

Bagenkop

Dannemare

Rødby

Kappeln

Kieler Bucht

Eckernförder Bucht

1 Stohler Steilküste

Leuchtturm Flügge **5**

4 Fehmarn

Burg auf Fehmarn

Gettorf

Laboe

3 Halbinsel Graswarder

Heikendorf

2 Großer Binnensee

KIEL

Oldenburg in Holstein

Schwentinental

Lütjenburg

Wangels

A 210

A 215

Flintbek

A 7

Preetz

A 1

Kellenhusen (Ostsee)

Bad Malente-Gremsmühlen

Grömitz

Bosau

Neustadt

Lübecker Bucht

Neumünster

Bornhöved

Seedorf

Timmendorf-Strand

Rickling

Ahrensbök

7 **6** Brodtener Steilufer

Wahlstedt

Pronstorf

Travemünde

Ratekau

Kaltenkirchen

A 21

Sülfeld

A 20

Dassower See

LÜBECK

Grevesmühlen

Schönberg

Bob

Norderstedt

Berkenthin

Gadebusch

A 23

Großhansdorf

Brüsewitz

Schwe

A 1

Mölln

Dümmer

HAMBURG

Reinbek

Schwarzenbek

Gudow

A 24

A 7

A 255

Stege

Hjelm Bugt

E 47 E 55

Nørre Alslev

E 47

Nyköbing Falster
Nyköbing Falster

Væggerløse

Nysted

Gedser

Mecklenburger Bucht

12 Darßbahn Prerow

Prerow

Kranich-Informationszentrum

14

Prohn

Barth

Wustrow

Saal

13 Barth

Dierhagen Dorf

Velgast

Stralsund

Trinwillershagen

Steinhagen

Ribnitz-Damgarten

Wittenhagen

Bastorfer Leuchtturm

11 Nienhagener Gespensterwald

Rövershagen

9

ROSTOCK

Dettmannsdorf

Grimmen

Conventer See

10

Kritzmow

Sanitz

Tribsees

A 20

zhaff

Dummerstorf

8 Salzhaff

euburg

Laage

Jördenstorf

Demmin

Neukloster

Bützow

Warnkenhagen

Borrentin

A 14

Güstrow

Teterow

Sternberg

Gielow

Jürgenstorf

Dabel

A 19

Rosenow

Demen

Mestlin

Goldberg

Hohen Wangelin

Grabowhöfe

Möllenhagen

Crivitz

ate

Karow

Waren (Müritz)

Rom

Malchow

Pläuer See

Rederangsee

STOHLER STEILKÜSTE

Eindrucksvolle Küstenlandschaft auf dem Dänischen Wohld

Dort, wo die Strander Bucht in die Eckernförder Bucht übergeht, schiebt sich eine Landzunge in die Ostsee, die Bülker Huk. Vom Leuchtturm an ihrer Spitze genießt man von der Aussichtsplattform in 22 m Höhe einen traumhaften Blick auf die Ostsee, die Stohler Steilküste, den Dänischen Wohld und den Kieler Leuchtturm. Die Küste ist der ständigen Erosion ausgesetzt: Oststürme nagen am Hangfuß, immer wieder werden große Steine aus der bis zu 30 m hohen Wand herausgespült. Vereinzelt trägt auch austretendes Grundwasser zur Erosion bei. Zur Gemeinde Schwedeneck auf der Halbinsel Dänischer Wohld gehört ein 16 km langer Strand.

Blick entlang der Stohler Steilküste

13 km
3:15 h
20 hm
20 hm

TOUREN
TIPP

START: Parkplatz südlich des Bülker Leuchtturms, Bülker Weg.

CHARAKTER: Wanderung über gut ausgebaute Pfade oben an den Klippen entlang, im Bereich des Schwedenecks teilweise ungesichert nahe der Abbruchkante. Der Rückweg am Strand entlang ist naturgemäß etwas beschwerlicher.

01 Parkplatz; **02** Bülker Leuchtturm; **03** Beginn der Steilküste; **04** Treppe; **05** Steilküste Schwedeneck; **06** Strandhaus Schwedeneck

2 GROSSER BINNENSEE

Wanderung um einen Strandsee

Typisch für die Ostseeküste sind Strandseen, zu denen auch der Große Binnensee gehört. Der See liegt auf Meereshöhe und wird durch einen natürlichen Strandwall von der Ostsee getrennt. Der Binnensee wird von der Kossau durchflossen, diese ist die einzige verbleibende Verbindung zur Ostsee. Der Strandsee ist umrahmt von dichtem Schilf und streckenweise alten Buchenwäldern und nur an wenigen Stellen zugänglich. Wer Glück hat, kann jagende Seeadler oder Gänsesäger während ihres Brutgeschäfts beobachten.

Der Große Binnensee, dahinter die Ostsee

15 km
3:30 h
90 hm
90 hm

TOUREN
TIPP

START: Hohwacht, Parkplatz Seestraße.

CHARAKTER: Schöne Abschnitte am See- und Ostseeufer, aber auch passagenweise auf Fuß- und Radwegen entlang der Straße.

01 Parkplatz Seestraße; **02** Ostseehotel; **03** Straße „am Buchberg"; **04** Golfplatz; **05** „Golden Tüffel"; **06** Kossaubrücke; **07** Alte Burg; **08** Gut Waterneverstorf; **09** Kreuzung; **10** Hafen Lippe; **11** Hotel Genueser Schiff;

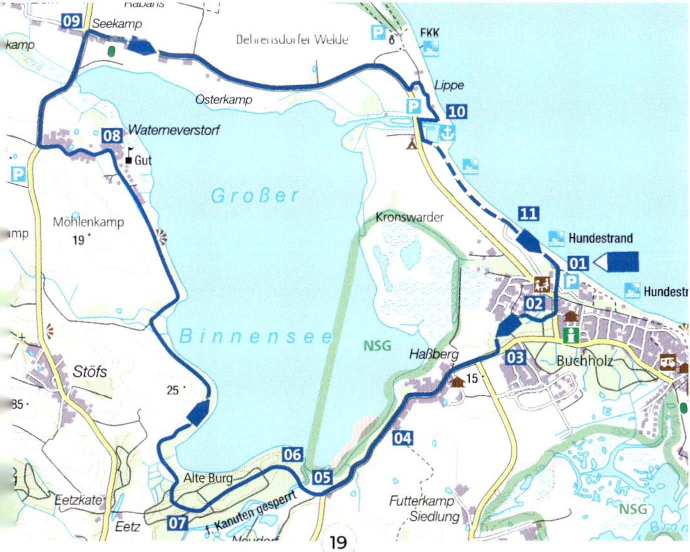

HALBINSEL GRASWARDER

Bunte Strandvillen unter Denkmalschutz

Der Graswarder bildet zusammen mit dem westlich davor gelegenen Steinwarder eine langgestreckte Halbinsel. Bis 1954 war er eine Insel, dann wurde eine Verbindung zur Halbinsel Steinwarder gebaut. Der Binnensee zwischen Steinwarder und Graswarder hat immer noch eine Verbindung zur Ostsee. Durch die Strömung entlang der Küste sind Steinwarder und Graswarder als Nehrungshalbinseln einem ständigen Veränderungsprozess unterworfen. Etwas überraschend ist die Bebauung des Graswarders: Die bunten Häuschen wurden um 1900 als Strandvillen errichtet – bis 1954 gab es nur einen Holzsteg als Verbindung zum Hafen. Heute stehen alle 15 Häuser unter Denkmalschutz.

Halbinsel Graswarder, ganz rechts der NABU-Beobachtungsturm

15 km
3:00 h
5 hm
5 hm

TOUREN TIPP

START: Heiligenhafen, Parkplatz Steinwarder. Bushaltestelle „Heiligenhafen Steinwarder".

CHARAKTER: Einfache, abwechslungsreiche Wanderung, ans Fernglas denken!

> **01** Graswarder; **02** Seebrücke; **03** Marina; **04** NABU-Zentrum;
> **05** Beobachtungsturm; **06** Parkplatz; **07** Wohnmobilstellplatz;
> **08** Steilküstenweg; **09** Leuchtturm; **10** Strand;

FEHMARN

Die Sonneninsel

2.200 Sonnenstunden und 20 Badestrände entlang der 78 km langen Küstenlinie sorgen auf der drittgrößten deutschen Insel für ganzjähriges Urlaubsfeeling. Auf unserer Wanderung erleben wir einen Großteil der Ostküste – geprägt von oft menschenleeren steinigen Naturstränden und eindrucksvollen Steilküstenabschnitten. Große Findlinge laden unterwegs zum Pausieren und Genießen ein.

01 Fährbahnhof Puttgarden; **02** Strandweg; **03** Marienleuchter Weg; **04** Marienleuchte; **05** Campingplatz Klausdorfer Strand; **06** Campingplatz Katharinenhof; **07** Steilküste Staberhuk; **08** Südostspitze Fehmarns; **09** Campingareal; **10** Badewelt FehMare; **11** Burkstaaken; **12** Landkirchener Straße; **13** Bahnhof

28,4 km

7:30 h

20 hm

20 hm

TOUREN
TIPP

START: Fährbahnhof Puttgarden.

CHARAKTER: Lange Wanderung, die eine gute Grundkondition verlangt. Unterwegs gibt es Einkehrmöglichkeiten und ab Burgtiefe die Möglichkeit, mit dem Bus zum Bahnhof in Burg auf Fehmarn zu fahren.

LEUCHTTURM FLÜGGE

Leuchtturm an der Südwestspitze der Insel

Auf Fehmarn gibt es fünf Leuchttürme – der Leuchtturm Flügge ist darunter der einzige, der zur Besichtigung von innen einlädt. Er steht im Naturschutzgebiet Krummsteert und bietet von seiner Aussichtsgalerie (162 Stufen führen hinauf) bei guter Fernsicht einen Blick über weite Teile Fehmarns bis hin nach Dänemark. Bis Mitte des 19. Jh. orientierten sich die Seefahrer an einer Baumgruppe, dem „Flügger Holz". Als die Bäume aber eingingen und die Landmarke nicht mehr existierte, wurde ein erster Leuchtturm errichtet. Er war achteckig, 16 m hoch und aus gelbem Backstein errichtet. In Betrieb ging er 1872 – das Leuchtfeuer brannte 44 Jahre. Der erste Flügger Leuchtturm wurde 1916 durch einen neuen Leuchtturm in der Nähe ersetzt. Auch dieser Turm war achteckig und aus gelben Backsteinen gemauert, aber mit 37,5 m doppelt so hoch wie sein Vorgänger. 2001 wurde der Leuchtturm unter Denkmalschutz gestellt.

Wichtige Landmarke für die Schifffahrt – der Leuchtturm Flügge

7,8 km
1:40 h
5 hm
5 hm

TOUREN TIPP

START:
Strandparkplatz Püttsee.

CHARAKTER: Zum Teil auf geteerten, aber wenig befahrenen Straßen.

01 Strandparkplatz Püttsee;
02 Püttsee; **03** Flügger Watt;
04 Flügger Leuchtturm;
05 Strandhof Flügge;
06 Gedenkstein für Jimmy Hendrix

01
2
Püttsee
02
06
Wasserburg
SULSD...
Flügger Teich
P
05
Flügge
Flügger
Watt
Sulsdorfer Wiek
0
P
03
2
04
Flügger Leuchtturm
NSG
Krummsteert-
Sulsdorfer Wiek/Fehmarn

BRODTENER STEILUFER

Spektakuläre Steilküste zwischen Travemünde und Niendorf

Eine spannende Küste erwartet uns: Das wilde Brodtener Steilufer mit bis zu 20 m hohen Wänden, spektakulären Ausblicken auf den von der Erosion geprägten Strand, einem weiten Blick über die Lübecker Bucht und zu den in den Klippen brütenden Uferschwalben. Bis zu 1 m weicht das Brodtener Ufer Jahr für Jahr vor den Naturgewalten zurück.

Das eindrucksvolle Brodtener Steilufer von oben

9,3 km

2:00 h

40 hm

40 hm

TOUREN TIPP

START: Travemünde, Parkplatz Fährvorplatz und Haltestelle „Lübeck- Travemünde Priwall-fähre".

CHARAKTER: Leichte Wande-rung auf dem Steiluferweg bis zur Bushaltestelle Niendorf. Der Rückweg zurück am Wasser führt über Sand, Bäume und Steine und ist dadurch deutlich anstrengender als der Hinweg. Im Winterhalbjahr kann es im-mer wieder zu Erdrutschen und Abbrüchen kommen, die Sper-rungen sollten dann unbedingt respektiert werden.

01 Travemünde; **02** Lübecker Yachthafen; **03** Lotsenstation; **04** Nordermole; **05** Seebrücke; **06** Aufstieg zum Hochufer; **07** Hermannshöhe; **08** Abzwei-gungen Richtung Broden; **09** Holztreppe; **10** Niendorf; **11** Steiluferallee;

7

TIMMENDORF STRAND

Entspannung und Charme an der Ostseeküste

Der kleine Hafenort ist heute das touristische Zentrum der Insel. Der Ort lockt Besucher mit seiner entspannten Atmosphäre, ideal für sonnige Tage am Meer. Die Strandpromenade bietet eine Vielzahl von Geschäften, Cafés und Restaurants, während die Seebrücke einen herrlichen Blick auf die Küstenlandschaft bietet.

Hafen und Leuchtturm in Timmendorf-Strand

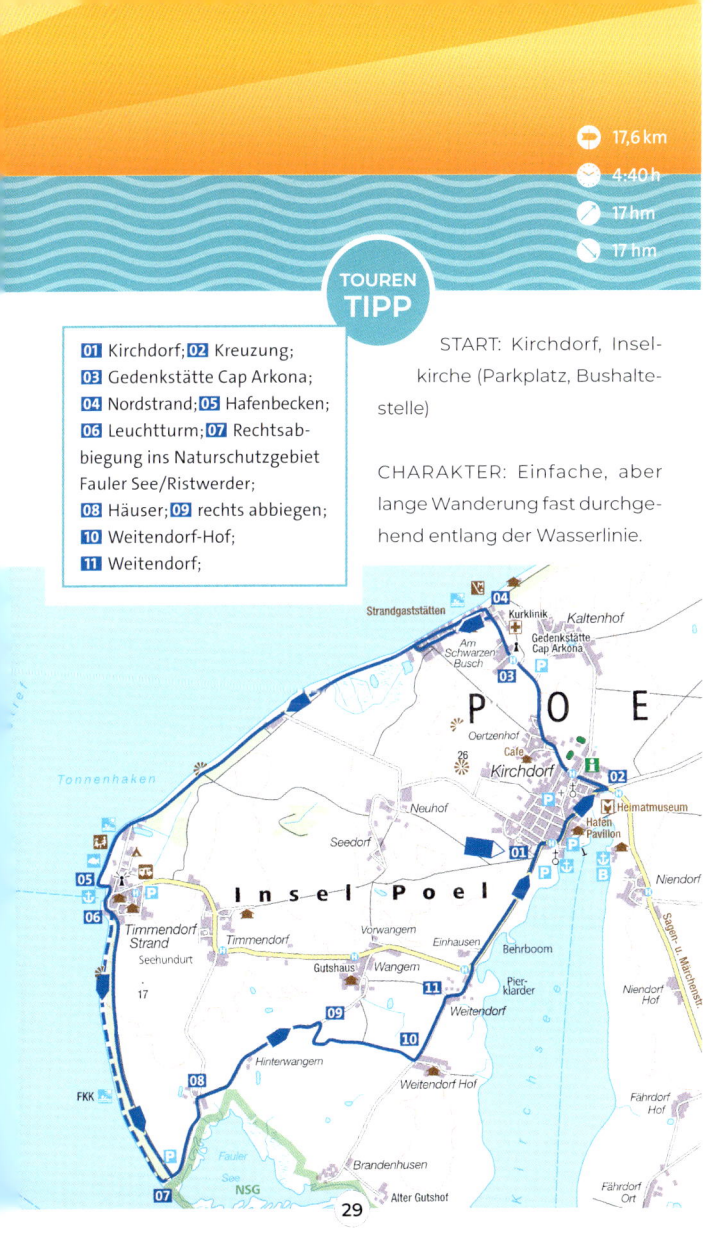

17,6 km

4:40 h

17 hm

17 hm

TOUREN
TIPP

01 Kirchdorf; **02** Kreuzung;
03 Gedenkstätte Cap Arkona;
04 Nordstrand; **05** Hafenbecken;
06 Leuchtturm; **07** Rechtsabbiegung ins Naturschutzgebiet
Fauler See/Ristwerder;
08 Häuser; **09** rechts abbiegen;
10 Weitendorf-Hof;
11 Weitendorf;

START: Kirchdorf, Insel-
kirche (Parkplatz, Bushaltestelle)

CHARAKTER: Einfache, aber
lange Wanderung fast durchgehend entlang der Wasserlinie.

SALZHAFF

Süß oder Salzig?

Umsäumt von Steilküsten und Salzwiesen erstreckt sich das Salzhaff von der Halbinsel Boiensdorfer Werder bis hin zum Ostseebad Rerik im Norden. Der 4 km lange Sandhaken Kieler Ort (die südliche Fortsetzung der Halbinsel Wustrow) und die rund 1 km in die Ostsee hineinragende Halbinsel Boiensdorfer Werder trennen das Salzhaff von der Mecklenburger Bucht (Ostsee). Der Salzgehalt des Brackwassers im Salzhaff liegt bei 12 Promille, zum Teil weisen aber die inneren Gewässer einen deutlich geringeren Salzgehalt auf. Das Salzhaff hat einen regelmäßigen Wasseraustausch mit der Ostsee – durch eine 9 m tiefe Rinne, die zwischen Kieler Ort und dem Boiensdorfer Werder verläuft. Seinen Namen verdankt das Haff der Tatsache, dass dem Gewässer nur wenig Süßwasser zugeführt wird.

Endloser Horizont am Salzhaff

7,8 km
1:40 h
10 hm
10 hm

TOUREN
TIPP

START: Parkplatz Werder nördlich von Boiensdorf.

CHARAKTER: Kurze Wanderung entlang des Salzhaffs.

01 Parkplatz Werder;
02 Kreuzung rechts;
03 Weggabelung; 04 Möwe Campingplatz; 05 Fähranleger;

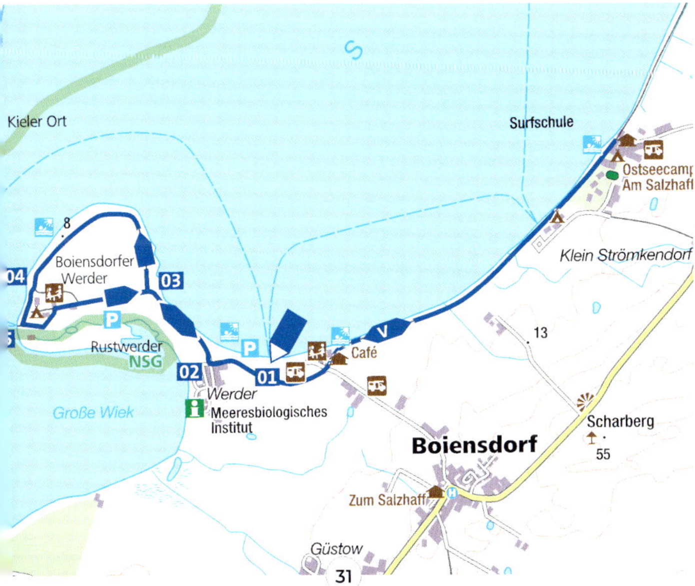

Kieler Ort

Surfschule

Ostseecamp
Am Salzhaff

8

Boiensdorfer
Werder

04

03

Klein Strömkendorf

P

Rustwerder
NSG

13

02

01

Café

Große Wiek

V

Werder
Meeresbiologisches
Institut

Scharberg
55

Boiensdorf

Zum Salzhaff

Güstow

31

BASTORFER LEUCHTTURM

Der höchste Leuchtturm

Das Wahrzeichen der Ostseegemeinde Bastorf wurde vor über 100 Jahren erbaut, der Turm kann ganzjährig bestiegen werden. Auch wenn er mit nur 21 m Höhe eher zu den kleineren Leuchttürmen zählt, ist er durch seine topografische Lage oberhalb vom Kap Bukspitze bezogen auf den Meeresspiegel der höchste Leuchtturm Deutschlands, denn er steht auf dem 79 m hohen Signalberg. Geöffnet ist er von etwa 11 bis 16 Uhr, in den Sommermonaten bis 17 Uhr.

Information unter: www.leuchtturm-bastorf.de

Bastorfer Leuchtturm

01 Bahnhof Kühlungsborn-Mitte;
02 Buttweg; 03 Diedrichshägener Berg; 04 abzweigender Weg;
05 Schloss Wichmannsdorf;
06 Weggabelung; 07 Bastorf;
08 Parkplatz; 09 Strandparkplatz Kägsdorf; 10 Bukspitze;
11 Seebrücke

24,4 km

4:45 h

128 hm

128 hm

TOUREN TIPP

OSTSEEBAD KÜHLUNGSBORN

Trollegrund

Bukspitze **10**
Hundebadestrand
Strandpromenade
11 Seebrücke
Yachtha
NSG Hieden
Campingpark
Hotel Schloss a. Meer
Konzertgarten West
Seeblick
Konzertgarten Ost
Ostsee-klinik
Tauchbasis Baltic
Aquamarin
Villa Seerose
Kletterwald
K.-Ost
ensee
KÜHLUNGSBORN WEST
Stadtwald
Blocksberg
Molli-Museum
Molli-Bahn
K.-Mitte
01
Brunshöver Möhl
18
KÜHLUNGSBORN OST
hriger inkgo
Kägsdorfer Landweg
28
Grüner Weg
Radwegekirche
Kägsdorf
Bastorfer Signalberg
Leuchtturm Buk
79
Panoramacafé Cafe Valentins
Bastorfer Landweg
08 Fünf Elemente
07 B. Schwing
Bastorf
Gütshaus
Unterbastorf
02
70
85
Zimmerberg
110
Kohlstein
06
Wiehmannsdorfer
Holz
05
Herrenhaus
WICHMANNS-DORF
Steineiche
Diedrichshagener Berg
130
03
101
04
HORST
Porm
DIEDRICHSHAGEN
Kelley-hof
Die Hölle

START: Bahnhof Kühlungsborn-Mitte.

CHARAKTER: Einfache, aber lange Wanderung mit großartigem Weitblick und mehreren Einkehrmöglichkeiten.

CONVENTER SEE

Im Naturschutzgebiet

Der Conventer See, einst eine flache Meeresbucht, ist etwa 1,7 km lang und rund 0,8 km breit und erhält sein Wasser aus dem Flüsschen Stege. Der Name des Sees geht wohl auf den Namen „Konvent" zurück. Die Zisterziensermönche des südlich gelegenen Klosters Doberan bewirtschafteten den See seit dem Mittelalter, sie waren auch die Ersten, die mit der Entwässerung der Niederung begannen. Durch Melioration kam es in den 1960er-Jahren allerdings zu einer so markanten Absenkung des Bodens, da Gefahr bestand, dass Ostseewasser in die Niederung eintreten könnte. Um das zu verhindern, baute man die Jemnitzschleuse. Der See liegt in der Conventer Niederung, einem rund 1.200 ha großen Moorgebiet. Bereits 1939 wurden 216 ha des Gebietes zum Naturschutzgebiet „Vogelfreistätte Conventer See und Heiligen Damm" erklärt.

Grüne Oase

12 km

3:00 h

10 hm

10 hm

TOUREN
TIPP

START: Parkplatz „1" an der Deichstraße, nördlich von Börgerende.

CHARAKTER: Leichte Wanderung mit schönen Ausblicken, unbedingt an ein Fernglas denken.

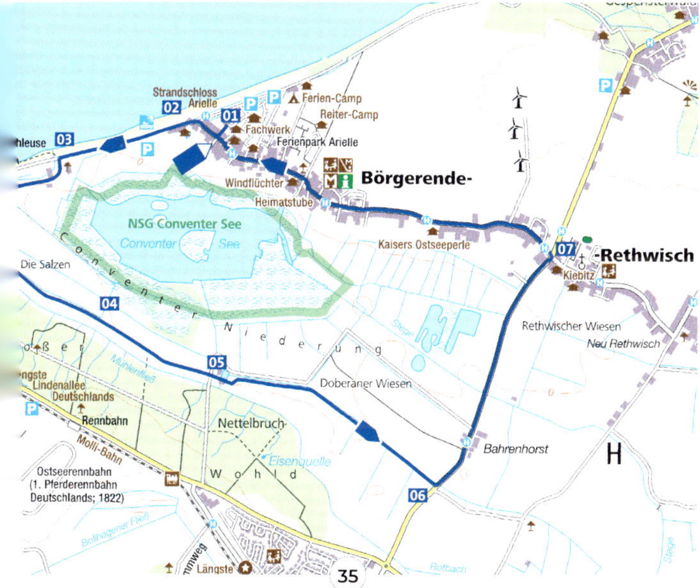

NIENHAGENER GESPENSTERWALD

Ostsee-Spuk

Ein 100 m breiter und 1,3 km langer Buchenmischwald. Er verdankt seinen Namen den bizarren, durch Ostseewind und Winterstürme geformten Bäumen, die dem Wald je nach Wetterlage und Jahreszeit einen gespenstischen oder märchenhaft anmutenden Charakter verleihen. Neben Buchen wachsen hier Eichen, Hainbuchen und Eschen – die Bäume erreichen ein stolzes Alter zwischen 90 und 170 Jahren. Mit ihren Wurzeln ragen sie teilweise über die Kliffkante der Ostseesteilküste hinaus. Wegen ihrer vor dem Wind „fliehenden" Kronen werden die Bäume auch Windflüchter genannt.

Gespenstisch schön

🚶	12,6 km
⏱	3:30 h
↗	22 hm
↘	26 hm

TOUREN TIPP

START: Warnemünde, Bahn-
hof.

CHARAKTER: Lange,
aber einfache Wanderung
auf gut markierten Wegen.

> **01** Bahnhof Warnemünde; **02** Westmole; **03** Küstenwald; **04** Wilhelms-
> höhe; **05** Kap Stoltera/Kap Geinitzort; **06** Weggabelung; **07** Treppe;
> **08** Steilküste Nienhagen; **09** Gespensterwald; **10** Weggabelung;
> **11** Bushaltestelle „Nienhagen West"

12

DARSSBAHN

„Zu Hause auf dem Darß"

Die „Lange Hanne" und die „Dicke Nele" - so heißen u.a. die kultigen Nostalgiebahnen. Auf Schienen verkehren diese allerdings nicht. Teilweise bereits elektrisch betrieben ziehen die einer Dampflok nachempfundenen Fahrzeuge Wagons hinter sich her, mit Platz für rund 50 Passagiere. Die Bahnen kutschieren durch Stralsund, Prerow, Zingst und Graal-Müritz. Informationen und Fahrplan unter: www.darssbahn.de

TOUREN TIPP

START: Parkplatz am Bernsteinweg im Nordwesten von Prerow.

CHARAKTER: Rundweg mit Informationstafeln durch den Darßwald und eine naturbelassene Dünenlandschaft. Den Lehrpfad dürfen ausschließlich Fußgänger begehen, teilweise handelt es sich um schmale Bohlenstege.

01 Parkplatz; 02 Nothafen; 03 Leuchtturm;

14 km
3:30 h
4 hm
4 hm

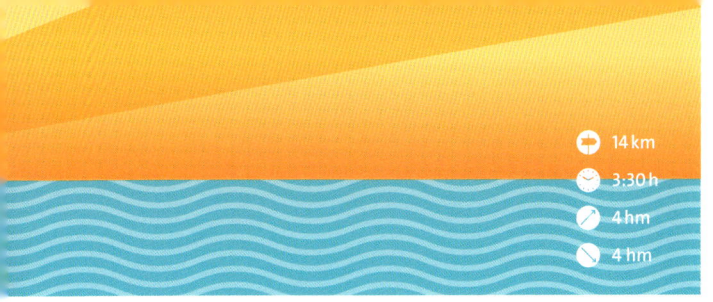

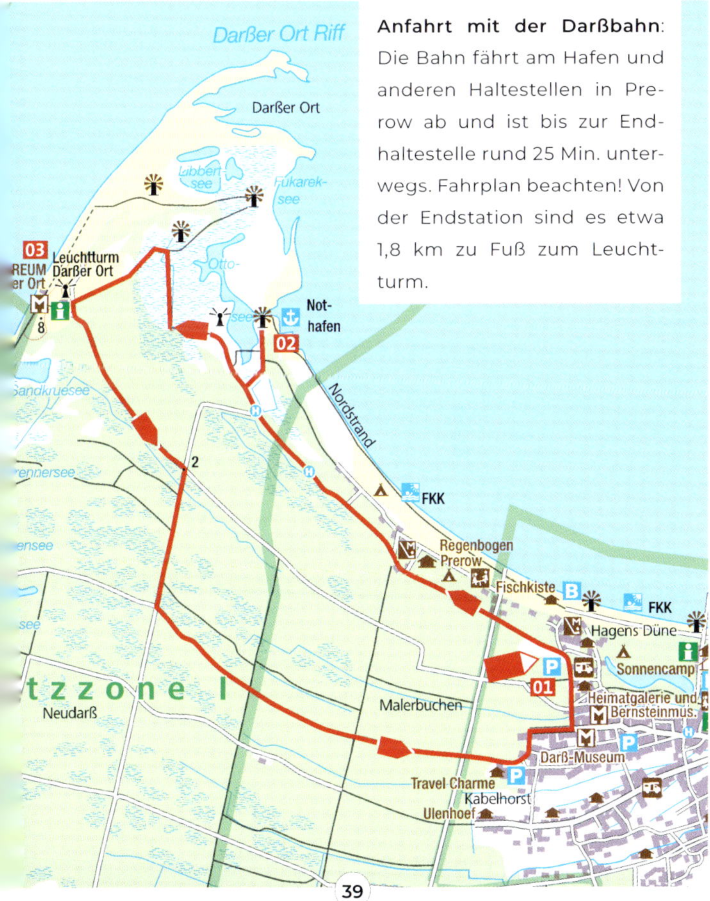

Darßer Ort Riff
Darßer Ort
Libbert-see
Fukarek-see
Otto-see
03
Leuchtturm Darßer Ort
REUM
er Ort
8
Not-hafen
02
Sandkruesee
Nordstrand
2
rennersee
FKK
ensee
Regenbogen Prerow
Fischkiste
B
FKK
see
Hagens Düne
P
Sonnencamp
01
tzzone I
Neudarß
Malerbuchen
Heimatgalerie und Bernsteinmus.
P
Darß-Museum
P
Travel Charme
Kabelhorst
Ulenhoef

Anfahrt mit der Darßbahn: Die Bahn fährt am Hafen und anderen Haltestellen in Prerow ab und ist bis zur Endhaltestelle rund 25 Min. unterwegs. Fahrplan beachten! Von der Endstation sind es etwa 1,8 km zu Fuß zum Leuchtturm.

BARTH

Ringförmiges Örtchen

Das Ortszentrum von Barth begeistert mit seinen vielen schön restaurierten Bürgerhäusern. Sprichwörtlicher Höhepunkt der Altstadt ist der 87 m hohe Glockenturm von St. Marien, den man besteigen sollte. Weit reicht der Blick vom Kirchturm über den Bodden und nach Süden über das Festland. Von oben lässt sich auch gut der ringförmige Stadtgrundriss erkennen. Dem Verlauf der einstigen Stadtmauer folgen die ringförmig verlaufenden Straßen.

Sonnenaufgang im Hafen von Barth

10,2 km
2:30 h
0 hm
0 hm

TOUREN TIPP

START: Parkplatz bei der Barthestraße in Barth (5 m).

CHARAKTER: Rundweg auf Wald- und Wiesenwegen, teilweise auch auf Teerstraßen.

01 Parkplatz; **02** Abzweigung; **03** abzweigender Wanderweg; **04** Wendekreis; **05** Aussichtskanzel; **06** Hafen; **07** Vineta-Säule; **08** Marktplatz;

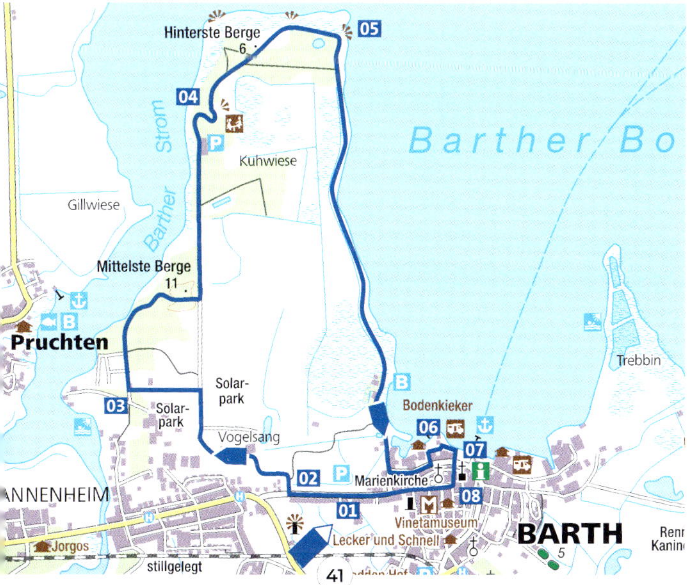

14 KRANICH-INFORMATIONSZENTRUM

Im Zeichen des Kranichs

Das Kranich-Informationszentrum in Groß Mohrdorf informiert über die Zugvögel, die auf ihrer Wanderung im Frühjahr und Herbst Jahr für Jahr in der Region Rast machen. Alleine schon das architektonisch sehenswerte Gebäude lohnt einen Besuch. Die Ausstellung vermittelt mit Schautafeln, audiovisuellen Medien und Präparaten Wissenswertes über die faszinierenden Zugvögel (www.kraniche.de, Eintritt frei). So organisiert das Zentrum beispielsweise die Synchronzählung von rastenden Kranichen an ihren Schlafplätzen in Deutschland. Durch die gleichzeitige Zählung durch Kranichzähler erhält man ein umfassendes Bild über den Gesamtbestand der rastenden Kraniche.

Faszinierendes Naturschauspiel – Kraniche sammeln sich auf den Feldern

19 km
4:45 h
55 hm
55 hm

TOUREN TIPP

START: Groß Mohrdorf, Kranich-Informationszentrum.

CHARAKTER: Lange, aber
unschwere Wanderung,
zum Teil auf straßenbegleiten-
den Rad- und Wanderwegen.

01 Kranich-Informationszentrum;
02 T-Kreuzung in Hohendorf;
03 Schloss Hohendorf;
04 Prohner Straße;
05 Badestrand; **06** Schweden-
strom; **07** Rechtsabbiegung;
08 Barhöft; **09** Barhöfter Kliff;
10 Wendisch Langendorf;

INSPIRATIONEN
REGION
RÜGEN

Gellort
17
18 Kapelle von Vitt
Putgarten

19 Altenkirchen
Altenkirchen

Dranske
Wieker Bodden
Tromper Wiek

Libben
Breeger Bodden
20 Die Schaabe
Glowe

Kloster
15 Vitte
Vitte
Vitter Bodden
16 Wittower Fähre

Seebad Insel
Hiddensee
Neuenkirchen

Schaprode
Trent
Großer Jasmunder
Bodden

Rappin
Villa Schloss Lichtenstein 27
Schaproder
Bodden
Udarser Wiek
Störtebeker-Festspiele 28
Lietzow

Koselower See
Kleiner Jasmu
Bodden

Waase
Gingst
Parchtitz

Bergen auf
Rügen
Kaiseritz

Dreschvitz
Kubitzer Bodden

Sehlen
Rasender Roland 37

Prohner Wiek
Schloss Karnitz 38
Putbus

Prohn
Samtens
Kasnevitz

Rambin
39 Garz

Altefähr
Garz

Stralsund
Gustow
Poseritz

Lüssow
40 Prosnitzer Schanze

Borgwallsee

Zarrendorf
Brandshagen
Glewitzer Wiek

Badeort Lohme

21

Lohme

22 Der Königsstuhl

23 Herthasee

24 UNESCO-Welterbeforum

25 Die Wissower Klinken

Sassnitz

26 Klein-Helgoland

Mukran

Pommersche
Bucht

rorer Wiek

Binz

29

30 Schmachter See

31 Jagdschloss Granitz

Sellin

Lancken-Granitz

32 Selliner Seebrücke

36 Großsteingräber bei Lancken

ower Bucht   Having

33 Bernsteinpromenade

35 Reddevitzer Höft

Hagensche Wiek

34 Ende der Welt

scher Bodden   Thiessow

Greifswalder
Bodden

VITTE

Hauptort von Hiddensee

Der Hafen- und Strandort Vitte ist der Hauptort der Insel Hiddensee, bereits 1513 wird der zentrale und größte Inselort erstmals erwähnt. Benannt ist er nach den historischen Fischanlandeplätzen, den „Vitten", mit F auszusprechen. Zwischen dem Hafen auf der Bodden- und dem kilometerlangen Sandstrand auf der Seeseite des Orts finden sich zahlreiche Häuser, in denen in den goldenen Zwanziger Jahren Stars wie Henny Porten und Asta Nielsen wohnten. Das Haus für „die schweigende Muse" Zum Seglerhafen 7 entstand 1922 nach Plänen von Max Taut. In Richtung Neuendorf erstreckt sich das Süderende mit reetgedeckten Häusern und grünen Vorgärten, in Richtung Kloster das Norderende mit alten Fischerhäusern.

Die Dünenheide auf Hiddensee

TOUREN
TIPP

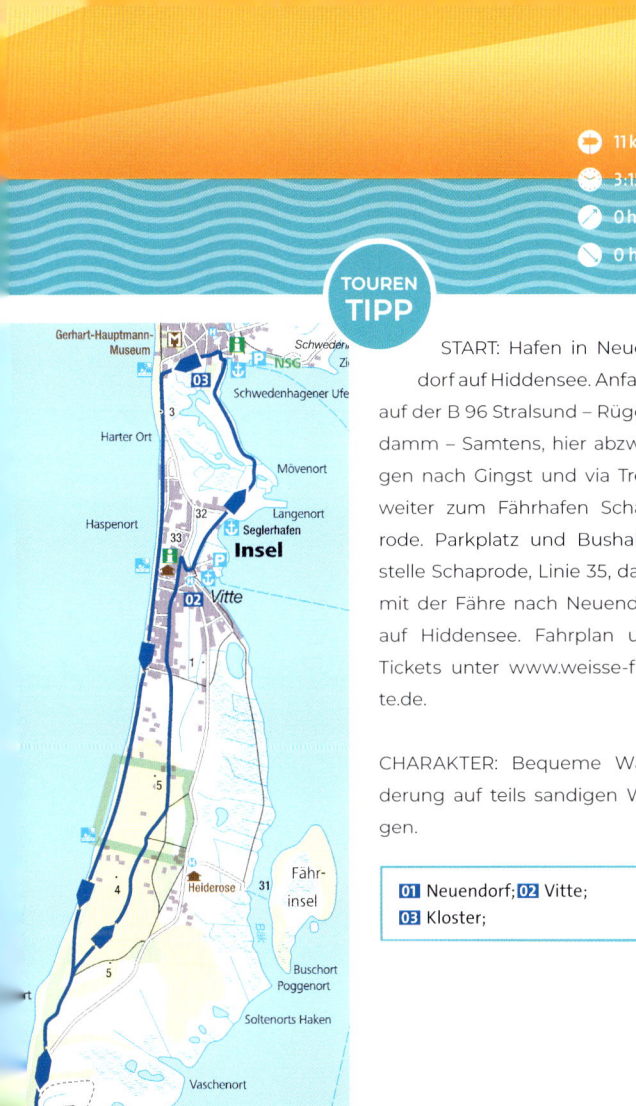

START: Hafen in Neuen-
dorf auf Hiddensee. Anfahrt
auf der B 96 Stralsund – Rügendamm – Samtens, hier abzweigen nach Gingst und via Trent
weiter zum Fährhafen Schaprode. Parkplatz und Bushaltestelle Schaprode, Linie 35, dann
mit der Fähre nach Neuendorf
auf Hiddensee. Fahrplan und
Tickets unter www.weisse-flot-
te.de.

CHARAKTER: Bequeme Wan-
derung auf teils sandigen Wegen.

01 Neuendorf; 02 Vitte;
03 Kloster;

16

WITTOWER FÄHRE

Pendelfähre zwischen Nord und Süd

Die Wittower Fähre verbindet seit über 500 Jahren Nordwest-Rügen mit der Halbinsel Wittow. Von 1896 bis 1971 wurden hier auch die Züge der Rügener Kleinbahn über die 350 m breite Schmalstelle zwischen dem Breetzer Bodden und dem Rassower Strom trajektiert, heute überqueren Wanderer, Radler und Automobile in modernen Fähren das Wasser. Vom nördlichen Anleger in Fährhaken verkehren auch Schiffe nach Hiddensee.
Fahrplan unter: www.weisse-flotte.de

Die Wittower Fähre hat abgelegt

8,5 km

2:15 h

3 hm

3 hm

TOUREN
TIPP

START: Wittower Fähre im Ortsteil Fährhof der Gemeinde Wiek. Bushaltestelle: Wittower Fähre Nord, Buslinie 10.
Rückfahrt: Von Zürkvitz oder Wiek Markt zur Wittower Fähre mit der Buslinie 10.

CHARAKTER: Aussichtsreiche, fahrradtaugliche Küsten- und Feldflurwanderung.

01 Wittower Fähre;
02 Vansenitz; 03 Gut Zürkvitz;
04 Hafenort Wiek;

17 GELLORT

und Kap Arkona

Vom Gellort, dem nördlichsten Punkt Rügens, sind es nur noch 72 km bis Südschweden und nur 53 km bis zur dänischen Insel Møn, deren bis zu 128 m hohe Kreidefelsen bei klarer Sicht zu sehen sind. Unweit davon befindet sich die spektakuläre Steilküste Kap Arkona.

Kap Arkona

13 km
3:30 h
31 hm
46 hm

TOUREN
TIPP

START: Bushaltestelle und kostenpflichtiger Großparkplatz Kap Arkona am Ortsrand von Putgarten. Bushaltestelle: Putgarten, Buslinie 14. Anfahrt auf der B 96 Stralsund – Bergen – Sassnitz, bei Sagard abzweigen nach Glowe und via Juliusruh nach Putgarten. Rückfahrt: Von Bakenberg mit der Linie 13 nach Altenkirchen-Schule, Umstieg in die Linie 14 zurück nach Putgarten.

CHARAKTER: Aussichtsreiche, bequeme, fahrradtaugliche Hochuferwanderung ohne nennenswerte Auf- und Abstiege.

01 Putgarten; 02 Kap Arkona; 03 Gellort; 04 FKK-Strand; 05 Bakenberg;

KAPELLE VON VITT

Kunstvoll gestaltet

Die reetgedeckte, achteckige Strandkapelle (1806) von Vitt stammt aus der Zeit der Romantik. Initiator des Baus war der Altenkirchener Pastor und Schriftsteller Gotthard Kosegarten, die Pläne für die Kapelle lieferte angeblich Friedrich Schinkel. Im Auftrag Kosegartens malte der Romantiker Philipp Otto Runge, der zusammen mit Caspar David Friedrich Rügen durchwanderte und in begeisterten Briefen Goethe von der Schönheit der Insel berichtete, das Altarbild „Christus rettet den versinkenden Petrus" (1809); das Original hängt in der Hamburger Kunsthalle, die Kopie (um 1960) stammt von dem Stralsunder Erich Kliefert.

Die achteckige Kapelle in Vitt

9 km

2:30 h

46 hm

46 hm

TOUREN TIPP

START: Bushaltestelle und kostenpflichtiger Großparkplatz Kap Arkona am Ortsrand von Putgarten. Bushaltestelle: Putgarten, Linie 14. Anfahrt auf der B 96 Stralsund – Bergen – Sassnitz, bei Sagard abzweigen nach Glowe und via Juliusruh nach Putgarten. Vom Großparkplatz am Rand von Putgarten fahren auch Pferdekutschen und die gasbetriebene Arkonabahn (Miniaturbahn) zum Kap Arkona und nach Vitt.

CHARAKTER: Bequeme, aussichtsreiche Küstenwanderung ohne nennenswerte Auf- und Abstiege.

01 Putgarten; **02** Vitt; **03** Kap Arkona; **04** Gellort;

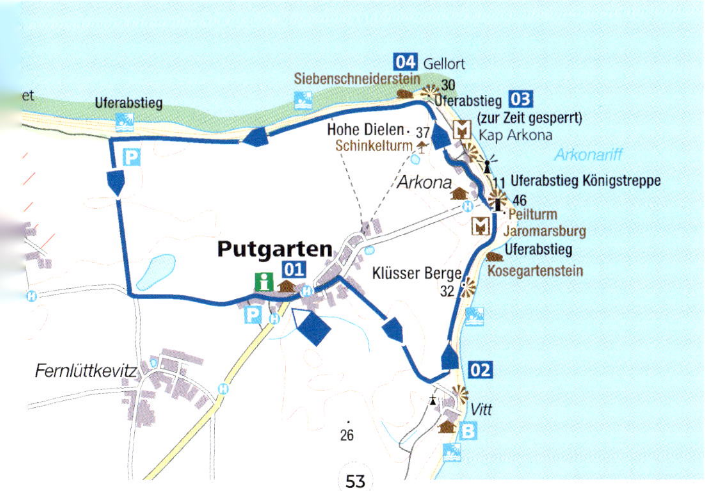

Altenkirchen ist der älteste Marktflecken auf Rügen, die dreischiffige Backsteinbasilika mit dem romanischen Chor ist neben der Kirche von Bergen das älteste Gotteshaus der Insel.

Die noch von dänischer Kirchenarchitektur beeinflusste Kirche wurde um 1200, in der Frühzeit der Christianisierung, gegründet und enthält wie die Kirche in Bergen einen Granitfindling mit einem slawischen Relief, das aus der Zeit um 1168 stammt, d. h. aus der Zeit der Eroberung Rügens durch die christlichen Dänen.

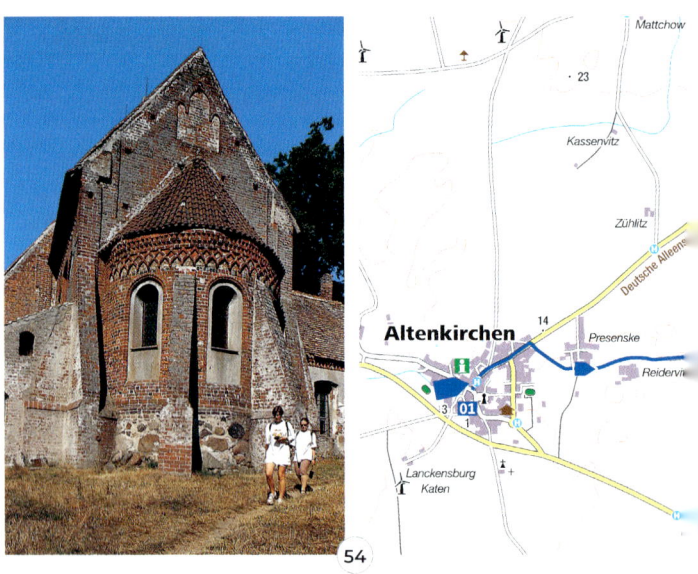

TOUREN
TIPP

- 13 km
- 4:00 h
- 50 hm
- 35 hm

01 Altenkirchen; **02** Kliffküste;
03 Zur kleinen Rast; **04** Vitt;
05 Kap Arkona; **06** Gellort;
07 Putgarten

START: Kirche in Altenkirchen, Karl-Marx-Platz. Bushaltestelle: Altenkirche-Schule, Buslinien 10, 13 und 14. Anfahrt B 96 Stralsund – Bergen, in Samtens abzweigen zur Wittower Fähre und über Wiek weiter nach Altenkirchen. Rückfahrt: Von Putgarten nach Altenkirchen mit der Buslinie 14.

CHARAKTER: Bequeme, aussichtsreiche Feldflur- und Küstenwanderung.

DIE SCHAABE

Nehrungsartige Landverbindung

Die Schaabe ist Landverbindung zwischen den Halbinseln Wittow und Jasmund auf Rügen; sie erstreckt sich zwischen der Tromper Wiek auf der Ostseeseite und dem Breeger Bodden, Lebbiner Bodden und Großen Jasmunder Bodden auf der Landseite. Während die Boddenseite von Wald und Verlandungszonen geprägt wird – vor allem der Süden ist weitflächig vermoort (Naturschutzgebiet) –, befindet sich auf der Seeseite ein kilometerlanger Sandstrand. Bis zum Deutsch-Französischen Krieg 1870/71 bestand die Schaabe nur aus Sand, der mit Strandhafer kärglich bewachsen war. Danach mussten französische Kriegsgefangene, die auf dem Wallgut bei Glowe untergebracht waren, die Schaabe erstmals aufforsten.

Tromper Wiek

21 km
6:00 h
6 hm
6 hm

TOUREN TIPP

START: Strandpromenade Juliusruh. Bushaltestelle: Juliusruh, Buslinien 10, 13 und 14. B 96 Stralsund – Bergen – Sassnitz, bei Sagard abzweigen nach Glowe und weiter nach Juliusruh.

CHARAKTER: Aussichtsreiche Uferwanderung mit Waldpassagen und Sandstrand.

01 Juliusruh; 02 Gelmer Ort; 03 Glowe;

BADEORT LOHME

Sonnenbaden deluxe

Das ehemalige Fischerdorf Lohme liegt auf einer bis zu 70 m hohen Steilküste mit atemberaubendem Blick auf die Nordspitze Rügens. Eine Treppe mit 213 Stufen und steile Serpentinenwege führen vom Ort hinunter zum Strand mit dem kleinen Hafen. Badegäste konnten sich noch nie so recht mit dem steinübersäten Strand anfreunden, für Naturfreunde jedoch ist Lohme ein hervorragendes Ziel – in unmittelbarer Nähe des Nationalparks und nur einen Spaziergang von den Kreidefelsen entfernt.

🚶	14,5 km
⌚	4:00 h
◔	103 hm
◓	65 hm

TOUREN TIPP

START: Bushaltestelle und Parkplatz Gasthaus Zur Schaabe in Glowe. Buslinie 13, 14. Anfahrt auf der B 96 Stralsund – Bergen – Sassnitz und bei Sagard abzweigen nach Glowe. Rückfahrt: Von Lohme nach Glowe Gasthaus zu Schaabe geht es mit Buslinie 14.

CHARAKTER: Mit einigen Anstiegen verbundene Feldmark- und Aussichtswanderung auf fast durchgehend bequemen Wegen.

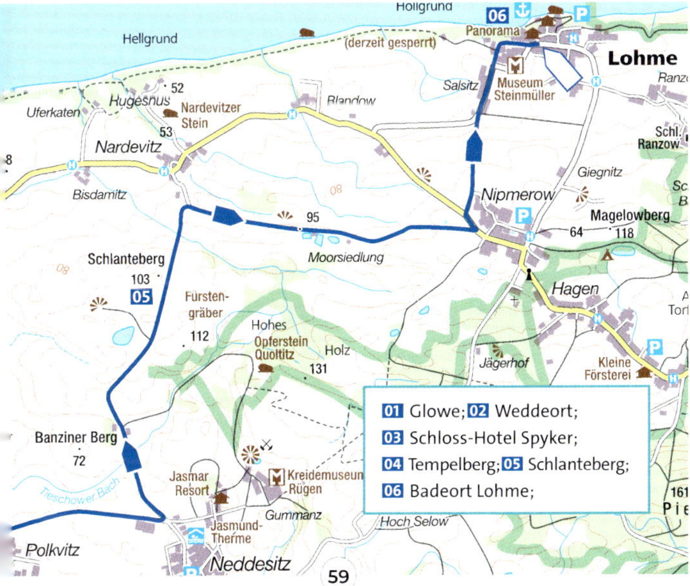

01 Glowe; 02 Weddeort;
03 Schloss-Hotel Spyker;
04 Tempelberg; 05 Schlanteberg;
06 Badeort Lohme;

DER KÖNIGSSTUHL

Das Wahrzeichen Rügens

Die Kreideklippen der Stubbenkammer mit dem Königsstuhl im Nationalpark Jasmund sind das Wahrzeichen Rügens. Der steil aus dem Meer aufragende Königsstuhl bietet eine überragende Aussicht auf die weiße Steilküste mit den Felsen der Kleinen und der Großen Stubbenkammer sowie auf die Ostsee, während ihm landseitig die Buchenwälder der Stubbenkammer und der sagenumwobene Herthasee vorgelagert sind. Teile dieser Buchenwälder gehören seit 2011 zum UNESCO-Weltnaturerbe „Alte Buchenwälder Deutschlands". Seinen Namen trägt der Königsstuhl der Sage zufolge nach einem Wettstreit in alter Zeit. Diejenigen, die die Königskrone erringen wollten, mussten den Felsen besteigen, wer als Erster den Gipfel erreichte und auf einem dort bereitgestellten Stuhl Platz nahm, erhielt die Krone. Einer anderen Version zufolge trägt der Felsen seinen Namen, weil König Carl XII. von Schweden hier während des Nordischen Krieges einen Sessel habe aufstellen lassen, von dem aus er ein Gefecht seiner Flotte gegen die Dänen beobachten konnte.

Der Königsstuhl

8,5 km

2:45 h

78 hm

78 hm

TOUREN TIPP

START: Bushaltestelle und kostenpflichtiger Parkplatz im Ortszentrum von Lohme. Buslinie 14. Anfahrt auf der B 96 Stralsund – Bergen – Sassnitz, bei Sagard abzweigen Richtung Glowe, dann Richtung Lohme.

CHARAKTER: Mit einigen Anstiegen verbundene Feldmark- und Aussichtswanderung auf fast durchgehend bequemen Wegen. Hinweis: Für den Besuch der Aussichtsplattform am Königsstuhl ist ein Eintrittsgeld zu entrichten.

01 Lohme; **02** Leuchtfeuer Ranzow; **03** Aussichtsplattform Königsstuhl; **04** Ranzow;

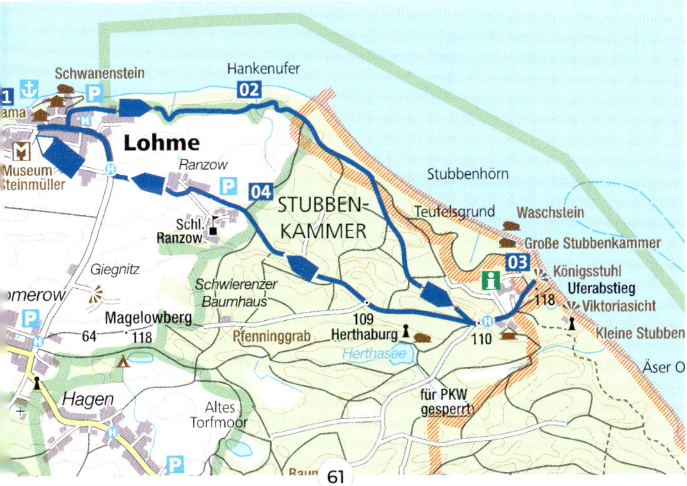

23 HERTHASEE

Sagenumwobener See

Der von mächtigen Buchen umrauschte Herthasee, an dem in den Johannisnächten angeblich Elfen tanzen, wird seit den Forschungen des Danziger Historikers und Geografen Philipp Clüver (1616) mit dem Kult in Verbindung gebracht, den der römische Geschichtsschreiber Publius Cornelius Tacitus im Zusammenhang mit der nordischen Erdgöttin Nerthus beschreibt. Auch der Name „Herthaburg" für die slawische Ringwallanlage an diesem eiszeitlichen Schmelzwassersee geht auf Clüvers Gleichsetzung Nerthus = Hertha zurück; bis dahin hieß der Ringwall noch auf einer Karte des Jahres 1608 schlicht „Borgwall". Der Herthasee (115 m) ist mit 11 m Tiefe der tiefste See Rügens. Der Ringwall der Herthaburg wurde als angeblicher Ort eines Fruchtbarkeitsritus identifiziert, auch so genannte Opfersteine mit „Blutrillen" sind ausgeschildert. „So herrscht denn ein geheimes Grauen und heiliges Dunkel" (Tacitus) an diesem von Seerosen bedeckten See.

Der Herthasee

9 km

2:45 h

68 hm

68 hm

TOUREN TIPP

START: Gebührenpflichtiger Großparkplatz und Bushaltestelle Hagen bei Lohme-Hagen. Buslinien: 14, 19. Anfahrt auf der B 96 Stralsund – Bergen – Sassnitz, bei Sagard abzweigen Richtung Glowe, dann Richtung Lohme.

CHARAKTER: Wald- und aussichtsreiche Hochuferwanderung auf fast durchgehend bequemen Wegen.

01 Hagen; **02** Herthasee; **03** Aussichtsplattform Königsstuhl; **04** Kollicker Ort;

UNESCO-WELTERBEFORUM

im Michael-Otto-Haus

- 🍽 5 km
- 🕐 2:10 h
- ↗ 108 hm
- ↘ 108 hm

Das Zentrum befindet sich am Standort der historischen Waldhalle und ist eine Außenstelle des Nationalpark-Zentrums Königsstuhl. Es beherbergt eine Ausstellung über das UNESCO-Welterbe Alte Buchenwälder in Deutschland und dient als Wanderziel, Infopunkt und Service-Zentrale mit Kinder-Spielplatz und einem Imbiss. Information unter: welterbeforum.koenigsstuhl.com/

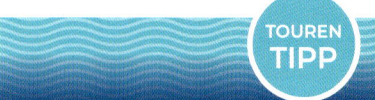

TOUREN TIPP

START: Parkplatz und Bushaltestelle Sassnitz-Wedding am Nordende von Sassnitz. Buslinie 18. Anfahrt auf der B 96 Stralsund – Bergen – Sassnitz.

CHARAKTER: Hochuferwanderung mit einigen Varianten.

> 01 Sassnitz; 02 Wissower Klinken;
> 03 UNESCO-Welterbeforum;

SASSNITZ – DAS TOR ZUR KREIDEKÜSTE

Entspannen - Entdecken - Erleben

Die romantische Hafenstadt Sassnitz ist mit den verwinkelten Gassen und den altehrwürdigen Bäderstilvillen ein optimaler Ausgangpunkt, um die Schönheiten von Rügens Kreideküste und dem Nationalpark Jasmund zu erleben.

Erkunden Sie die Natur mit ihren bizarren Felsformationen per pedes auf dem Hochuferweg, auf dem Radweg zum Königsstuhl oder gemütlich mit dem Schiff.

TOURIST SERVICE SASSNITZ

BEGEISTERUNG SCHREIBEN WIR IN SASSNITZ GROSS!

INFORMATIONEN ÜBER: Tourist Service Sassnitz
Strandpromenade 12, D- 18546 Sassnitz
Telefon 038392 – 64 90 | www.insassnitz.de

Die Wissower Klinken sind einer der atemberaubendsten Aussichtspunkte und bilden eine der malerischsten Felsformationen an der Kreidefelsenküste von Rügen. Die beiden sanft geschwungenen Kreidewände waren ursprünglich Teil einer geschlossenen Uferwand, die die Kräfte der Erosion im Laufe der Zeit auseinanderbrechen ließen.

Die Wissower Klinken

START: Parkplatz und Bushaltestelle Sassnitz-Wedding am Nordende von Sassnitz. Buslinie 18. Anfahrt auf der B 96 Stralsund – Bergen – Sassnitz. Rückfahrt: Von Lohme nach Sassnitz mit der Buslinie 14. Wer das Auto in Sassnitz-Wedding geparkt hat, steigt an der Haltestelle Sassnitz-Hauptstraße um in die Linie 18 und fährt bis Sassnitz-Wedding.

13 km

3:45 h

261 hm

222 hm

CHARAKTER: Hochuferwande-
rung mit einigen Auf- und Abstiegen. Hinweis: Für den Besuch der Aussichtsplattform am
Königsstuhl ist ein Eintrittsgeld
zu entrichten.

01 Sassnitz-Wedding;
02 UNESCO-Welterbeforum;
03 Wasserfall; 04 Königsstuhl;
05 Leuchtfeuer Ranzow;
06 Lohme

67

Schwedisches Souvenir

Im Wasser vor der Sassnitzer Strandpromenade liegt der 111 Tonnen schwere Granitfindling „Klein-Helgoland". Bis 2002 konnet man den Findling über eine kleine Brücke erreichen, diese existiert jedoch nicht mehr. Vor allem im Winter zeigt der von der Brandung umspülte „Uskam", wie er eigentlich heißt, bizarre Muster: Jeder Wellenspritzer hinterlässt erneut gefrierende Spuren, die in eisigen Nächten zu Eispan-

zern und Eiszapfen gefrieren. Man vermutet, dass der Fels aus Schweden stammt.

11 km

3:15 h

105 hm

105 hm

TOUREN
TIPP

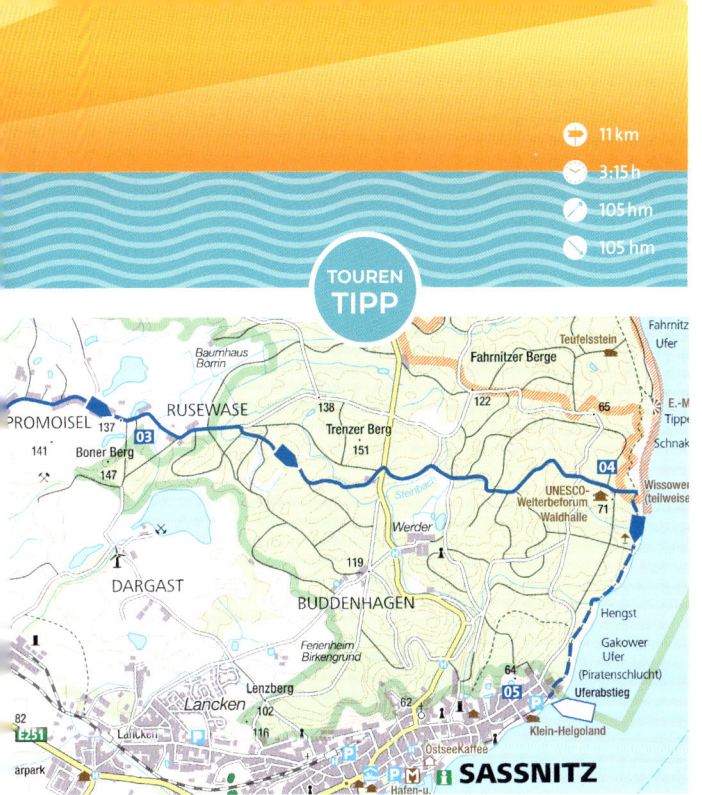

START: Markt in der Ortsmitte von Sagard. Die Bushaltestelle Sagard-Mitte liegt 3 Gehminuten entfernt, Buslinien 12, 13. Der Haltepunkt an der Bahnlinie Stralsund – Sassnitz liegt 10 Gehminuten entfernt. Rückfahrt: Von Sassnitz-Wedding mit der Linie 18, Umstieg am Bahnhof in die Linie 13 nach Sagard-Mitte. Oder Zugfahrt nach Sagard-Bahnhof.

CHARAKTER: Bequeme Wiesen- und Waldwanderung.

01 Sagard; 02 Promoisel/Neddesitz; 03 Rusewase;
04 UNESCO-Welterbeforum;
05 Wedding;

VILLA SCHLOSS LICHTENSTEIN

Nachbau aus 1875

Die burgartige Villa Schloss Lichtenstein (um 1875) mit ihren Stufengiebeln und dem zinnenbesetzten Rundturm ist ein Nachbau des Schlosses Lichtenstein bei Reutlingen auf der Schwäbischen Alb und ein besonderer Blickfang beim Spaziergang entlang des Jasmunder Boddens.

Da schaut man zweimal hin: die Villa Schloss Lichtenstein

9,5 km
3:00 h
64 hm
47 hm

TOUREN TIPP

START: Bahnhof bzw. Bushalte-stelle beim Bahnhof in Lietzow. Buslinie 12. Anfahrt auf der B 96 Stralsund – Bergen – Sassnitz. Rückfahrt: Von Sagard-Schulstraße nach Lietzow mit der Buslinie 12.

CHARAKTER: Fahrradtaugliche Wanderung auf Wald- und Wirtschaftswegen mit einigen Auf- und Abstiegen.

01 Lietzow; 02 Badestelle; 03 Martinshafen; 04 Sagard;

28 STÖRTEBEKER-FESTSPIELE

Freilichtbühne in Ralswiek

🚌 11 km
🕐 3:15 h
↗ 53 hm
↘ 53 hm

7.000 Menschen können auf der Freilichtbühne in Ralswiek die im Rahmen der Störtebeker-Festspiele inszenierten Seeschlachten auf dem Großen Jasmunder Bodden beobachten. 1401 schlug eine hamburgische Hanseflotte die von Claas Störtebeker und Godeke Michels geführten seeräuberischen Vitalienbrüder vernichtend in der Emsmündung und bei Helgoland. Die Anführer und 150 Spießgesellen wurden auf dem Grasbrook vor Hamburg enthauptet, ihre Köpfe wurden zur Abschreckung längs der Elbe auf Pfähle gespießt.

TOUREN
TIPP

START: Bushaltestelle in Ralswiek-Ort. Buslinien 12, 38. Parkplatz Ralswiek, Straße „Am Bodden". Anfahrt auf der B 96 Stralsund – Rügendamm – Bergen – Sassnitz.

CHARAKTER: Leichte Wald- und Aussichtswanderung auf gelegentlich holprigen Wegen.

01 Ralswiek; **02** Brücke; **03** Lietzow; **04** Augustenhof

SPANNENDE BRAUEREIFÜHRUNGEN

Bei unseren täglichen Brauereiführungen schauen Sie unseren Brauern über die Schulter und erleben Sie die Produktion hautnah. Höhepunkt der Führung ist eine kleine Brauspezialitätenverkostung.

Dauer: 90 min | **Preis:** 15 € p. P.

BRAUKUNST TRIFFT KOCHKUNST

Erleben Sie spannende Kombinationen von saisonalen Gerichten und weltweit prämierten Bieren: Zu jeder Speise auf unserer Karte empfehlen wir Ihnen eine korrespondierende Brauspezialität.

Reservierung: 03831-255 500

JETZT TICKETS SICHERN

WEITERE INFOS UNTER:
stoertebeker-brauquartier.com

Störtebeker
BRAUQUARTIER | STRALSUND

Architektonische Kontraste an der Prorer Wiek

Binz, das bedeutendste Seebad Rügens, wartet mit einem der am besten erhaltenen Bäderarchitekur-Ensembles der Ostseeküste auf. Ursprünglich war Binz ein Dorf am Schmachter See, auf Betreiben des Fürsten von Putbus wurde das Seebad mit regelmäßigem Straßennetz und Strandpromenade als Urlaubsort für eine exklusive Oberschicht des Großbürgertums errichtet. Zu den markanten Erscheinungen dieser Bäderarchitektur der Zeit um 1900 zählen die hölzernen Loggien mit ihren feingliedrigen Arkaden und dem charakteristischen „Laubsägedekor".

Kurhaus in Binz

TOUREN
TIPP

START: Seebrücke Binz an der Kreuzung Hauptstraße/Strandpromenade. Bahnhof: Ostseebad Binz, Bushaltestelle: Binz-Ortsmitte, Buslinien: 24, 27, 28.

CHARAKTER: Bequeme Strandpromenade.

01 Binzer Seebrücke; **02** Prora; **03** Bahnhof Prora;

30 NATURPARADIES SCHMACHTER SEE

Wo See- und Fischadler jagen

Das Naturschutzgebiet „Schmachter See und Fangerien" ist ein artenreicher Biotopkomplex im Bereich der jüngsten ost-rügenschen Endmoränenstaffeln. In den Randhängen des Niederungsbeckens wachsen naturnahe Buchenwälder, den See säumen Verlandungszonen aus Röhrichten, Erlenbrüchen und Erlensümpfen, im Süden und Südwesten des Sees finden sich auch Schwingrasenflächen. Die Uferbereiche sind Brut-, Rast- und Nahrungsbiotop einer reichen Vogelwelt. Als Brutvö-gel kommen hier u. a. Große Rohrdommel, Drosselrohrsänger, Graugans und verschiedene Entenarten vor.

Seesteg am Schmachter See

4:00 h

55 hm

55 hm

TOUREN TIPP

START: Wendeplatz Binz vor der Seebrücke im Ostseebad Binz beim Kurhaus. Anfahrt auf der B 196 Bergen auf Rügen – Baabe und in Serams abzweigen nach Binz. Alternativer Startpunkt ist der IC-Bahnhof Ostseebad Binz am Schmachter See, dort befindet sich auch ein Parkplatz und eine Bushaltestelle, Buslinien: 24, 27, 28.

CHARAKTER: Bequeme Promenaden und Wege, leider auch ein unvermeidbares Stück neben der B 196.

01 Binz; 02 Zargelitz-Pantow; 03 Serams

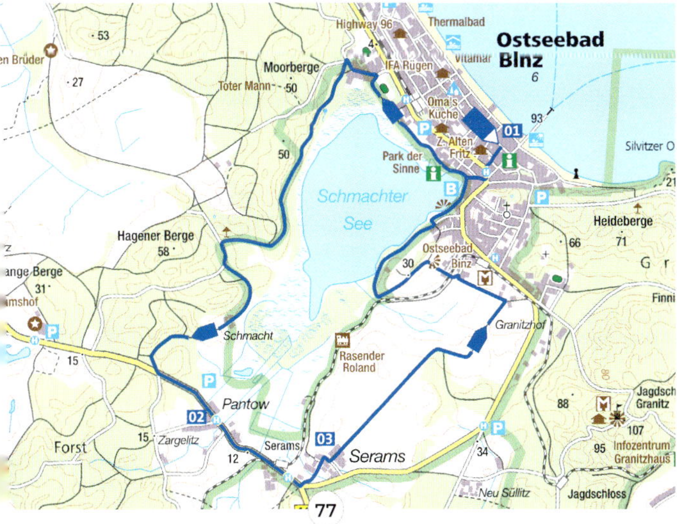

JAGDSCHLOSS GRANITZ

Schloss auf dem Tempelberg

Das als Museum genutzte monumentale Jagdschloss Granitz auf dem Tempelberg (107 m) ist ein eindrucksvolles Beispiel romantischer neugotischer Architektur und eine der bedeutenden Sehenswürdigkeiten Rügens. Errichtet wurde es 1838–41/46 nach Plänen Johann Gottfried Steinmeyers für Fürst Malte I. von Putbus, den größten Grundeigentümer auf Rügen, als zweigeschossiger, annähernd quadratischer Putzbau mit vier zinnenbesetzten Ecktürmen. Die ebenfalls zinnenbekränzte Aussichtsplattform des 1844 nach Plänen Friedrich Schinkels im Lichthof errichteten siebengeschossigen runden Aussichtsturms ist auf einer gusseisernen Treppe mit 154 Stufen zu erklimmen und bietet in 114 m Höhe ein hervorragendes Panorama über die Baumkronen hinweg.

Information unter: www.mv-schloesser.de

Jagdschloss Granitz

11 km	
3:00 h	
155 hm	
155 hm	

TOUREN
TIPP

START: Wendeplatz Binz vor der Seebrücke im Ostseebad Binz beim Kurhaus. Bahnhof Ostseebad Binz, Bushaltestellen Binz-Ortsmitte oder Kleinbahnhof Binz-Ost, Buslinien 24, 27, 28. Anfahrt auf der B 196 Bergen auf Rügen – Baabe und in Serams abzweigen nach Binz.

CHARAKTER: Waldwanderung in teils spürbarem Auf und Ab.

01 Binz; **02** Silvitzer Ort; **03** Jagdschloss Granitz

Die nach historischen Vorbildern aus den 1920er Jahren rekonstruierte und 1998 eröffnete Seebrücke ist das alte und neue Wahrzeichen von Sellin. 394 m ragt sie in die See hinaus, in den stilvollen Aufbauten warten zwei Restaurants mit gepflegter Gastronomie und Veranstaltungsräumen (Palmengarten, Baltic Saal, Kaiserpavillon). Zudem ist die Seebrücke Anleger für Ausflugsfahrten längs der Küste Richtung Binz und Jasmund. Am Anfang des Seebadebetriebs vor 1900 wurden die Gäste noch mit Booten angelandet bzw. zu den Schiffen gebracht. Dabei kam es mehrmals zu tödlichen Unfällen. Im Jahre 1901 wurde eine erste kleine und 1906 eine 508 Meter lange Seebrücke eröffnet. In den folgenden Jahrzehnten wurde sie mehrfach vom Eisgang schwer beschädigt und im Kriegsjahr 1942 bis auf die Aufbauten fast völlig zertrümmert.

Die Selliner Seebrücke

11 km

3:30 h

89 hm

89 hm

TOUREN TIPP

START: Gebührenpflichtiger Parkplatz Kurpark, August-Bebel-Straße, in Sellin. Bushaltestelle: Sellin-Granitzer Straße, Buslinien: 20, 25. Anfahrt B 196 Bergen auf Rügen – Sellin.

CHARAKTER: Wanderung auf befahrbaren Wegen.

01 Sellin; **02** Baabe;
03 Ruderfähre Moritzdorf;
04 Moritzburg;

BERNSTEIN-PROMENADE

Gartenkunst auf Rügen

Die Bernsteinpromenade zu Füßen der Mönchgutwälder verbindet die Seebäder Baabe und Göhren. Eine Wanderung ist in beiden Richtungen gleichermaßen zu empfehlen. Die Promenade wurde 2003 anlässlich der Internationalen Gartenausstellung gestaltet und ist ein besonderes Plätzchen Grün.

Bernsteinpromenade in Göhren

7 km
2:00 h
2 hm
2 hm

TOUREN
TIPP

START: Bahnhof und Bushaltestelle Baabe an der Göhrener Chaussee (B 196) im Ostseebad Baabe. Buslinie 20. Rückfahrt: Von Göhren nach Baabe mit der Rügenschen Bäderbahn „Rasender Roland". Fahrplan unter http://ruegensche-baederbahn.de.

CHARAKTER: Leichte, aussichtsreiche Küsten- und Binnenlandwanderung auf überwiegend fahrradtauglichen Wegen.

01 Baabe; **02** Göhren

34
ENDE
DER WELT

Nicht über den Rand fallen!

An klaren Abenden lassen sich auf dem 37 Meter hohen Berg von Klein Zicker wundervolle Sonnenuntergänge beobachten, zugleich bietet sich hier ein prachtvolles Panorama von Greifswalder Bodden und Festland. Der Platz wird als „Ende der Welt" bezeichnet, weil er sozusagen den letzten Winkel der Halbinsel Mönchgut bildet.

Düne bei Klein Zicker an der Ostsee

TOUREN
TIPP

START: Bushaltestelle Thiessow-Ort (oder Thiessow-Wendeplatz, näher an der See). Buslinie 21. Anfahrt auf der B 196 Bergen auf Rügen – Baabe – Göhren und abzweigen Richtung Gager/Thiessow.

CHARAKTER: Leichte, aussichtsreiche Küstenwanderung bzw. Dünenwaldweg. Hinweis: Der Weg zum Südperd ist nicht fahrradtauglich (nur die Route zwischen der Strandstraße in Thiessow und Lobber Ort).

01 Thiessow; **02** Südperd;
03 Abzweig; **04** Lobber Ort;

Lobbe
Fritz-Worm-S
Lobber Ort
15
04

03

2

Campingplatz
Thiessow

01

**Seebad
Thiessow**

Lotsen-
turm
Lotsenberg
36

guter
use

Gödewind
02

NSG Südperd

REDDEVITZER HÖFT

Wunderbare Sonnenuntergänge

Das Reddevitzer Höft und das Zickersche Höft in den „Zicker-schen Alpen" zählen zu den bekanntesten Orten, an denen sich an klaren Abenden auf der Halbinsel Mönchgut der Sonnenuntergang erleben lässt. Das Wort „Höft" bezeichnet einen Küstenvorsprung („Haupt").

Traumhafte Sonnenuntergänge lassen sich hier genießen

9 km

2:30 h

58 hm

58 hm

TOUREN
TIPP

START: Parkplatz und Bus-
haltestelle Alt Reddevitz. Buslinie 21. Anfahrt B 196 Bergen auf
Rügen – Baabe – Göhren und
abzweigen Richtung Middel-
hagen.

CHARAKTER: Leichte,
fahrradtaugliche Küsten-
wanderung.

01 Alt Reddevitz; 02 Having-Hof;
03 Reddevitzer Höft;

Hünengräber im Südosten Rügens

In der Gemeinde Lancken-Granitz befindet sich das größte Großsteingräberfeld der Insel Rügen mit sieben Dolmen. Die Relikte stammen aus der Jungsteinzeit und der Bronzezeit. Ursprünglich handelte es sich um acht Grabanlagen, von denen heute noch vier bestehen. Die Anlagen wurden in unterschiedlichen Baustilen errichtet: zwei der Gräber sind in längliche Hünenbetten eingebaut, während die anderen beiden in Rundhügel gebaut wurden. In den Grabkammern wurden zahlreiche Grabbeigaben gefunden, welche darauf schließen lassen, dass diese über längere Zeiträume (zwischen 3500 v.Chr. und 1100 v.Chr.) genutzt wurden.

Hünengrab bei Lancken-Granitz.

🚂	10 km
🕐	2:45 h
↗	41 hm
↘	52 hm

TOUREN TIPP

START: Garftitz, Haltepunkt der Rügenschen Bäderbahn Rasender Roland in der Gemeinde Lancken-Granitz. Rückfahrt: Von Sellin-West nach Garftitz mir der Rügenschen Bäderbahn „Rasender Roland".

CHARAKTER: Leichte Feldflurwanderung.

01 Haltepunkt Garftitz;
02 Lancken-Granitz; **03** Großsteingräber; **04** Seedorf;
05 Moritzburg; **06** Sellin-West;

RASENDER ROLAND

Die Rügensche BäderBahn

Am 22. Juli 1895 wurde der erste Abschnitt des „Rasenden Roland" von Putbus nach Binz eröffnet, bis 1899 war die Verlängerung der von der Eisenbahn-Bau- und Betriebsgesellschaft Pressnitztalbahn (PRESS) betriebenen 750-mm-Schmalspurbahn bis Göhren fertiggestellt. Heute verkehrt der Rasende Roland im Zwei-Stunden-Takt zwischen Putbus und dem Ostseebad Göhren. Im Sommer fährt die Bahn zwischen Binz und Göhren im Stunden-Takt und zur Hochsaison auch über Putbus hinaus nach Lauterbach Mole. Für die 24,1 km lange Strecke benötigt die Dampfeisenbahn etwa zweieinhalb Stunden. Die Haltepunkte sind Lauterbach Mole, Putbus, Binz, Jagdschloss Granitz, Sellin, Baabe und Göhren. Information: www.ruegensche-baederbahn.de

Da rast der Roland

12 km
3:30 h
49 hm
49 hm

TOUREN TIPP

START: Gebührenpflichtiger Parkplatz und Bushaltestelle Circus in Putbus. Buslinien 30, 31. Bahnhof in Putbus. Anfahrt auf der B 96 Stralsund – Rügendamm – Bergen – Sassnitz, hinter dem Rügendamm via Garz nach Putbus.

CHARAKTER: Leichte Küsten-, Feldflur- und Waldwanderung auf überwiegend bequemen, gelegentlich sandigen Wegen.

01 Putbus; **02** Lauterbach; **03** Wreechensee; **04** Restaurant Nautilus; **05** Abzweig;

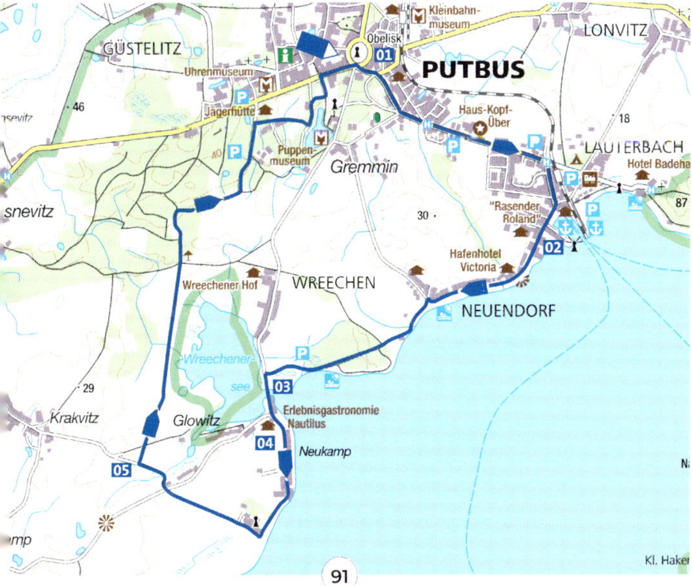

SCHLOSS KARNITZ

Jagdschloss & Golfzentrum

Erbaut wurde das Schloss 1834/35 für Graf Guido von Usedom im Stil der Tudorgotik. Nach dem Zweiten Weltkrieg beherbergte es Flüchtlinge, danach diente es als Wohnhaus. Nach der Wende wurde es saniert und wird privat genutzt. Das Jagdschloss Karnitz ist Namensgeber des Golfzentrums Schloss Karnitz. Auf 106 Hektar können Golfer ihre Fähigkeiten auf einem 9-Loch-Kurzplatz (Public Course) und dem 18-Loch-Meisterschaftsplatz (Challenge Course) unter Beweis stellen.

Informationen: www.golfcentrum-schloss-karnitz.de

Das anschauliche Jagdschloss

5 km

1:30 h

10 hm

10 hm

TOUREN
TIPP

START: Bushaltestelle Karnitz, Dorfstraße in Karnitz, Ortsteil der Gemeinde Garz auf Rügen. Buslinie 33. Anfahrt auf der B 96 Stralsund – Rügendamm – Bergen, hinter dem Rügendamm rechts auf der Deutschen Alleenstraße nach Garz, dort abzweigen nach Karnitz.

CHARAKTER: Schöne Waldwanderung mit Bademöglichkeit. Hinweis: Der Weg ist teilweise stark zugewachsen und die Markierungen kaum mehr vorhanden. Bitte erkundigen Sie sich unbedingt vor Ort über den derzeitigen Zustand!

01 Karnitz; 02 Groß Kniepow

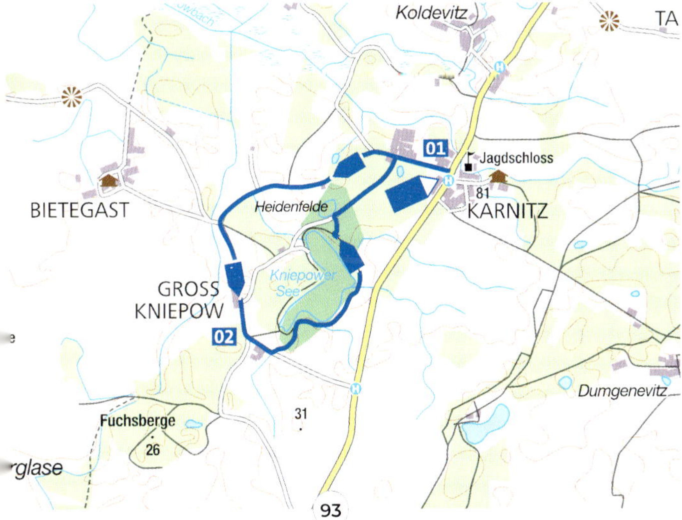

GARZ

Die älteste Stadt Rügens

Garz an der Deutschen Alleenstraße ist die älteste (1319) Stadt Rügens. Der auf einem Hügel am Stadtrand errichtete Backsteinbau der gotischen Petrikirche dominiert den Ort, an dessen Vorgeschichte ein gut erhaltener Burgwall, umgeben von einer Parkanlage, erinnert. Hier sollen die Heiligtümer der slawischen Gottheiten Rugivit, Porivit und Porenut gestanden haben, die die Dänen während der Eroberung Rügens 1168 zerstörten und an ihrer Stelle drei christliche Kirchen weihten.

Leuchtturm Maltzien in Garz auf Rügen

11 km

3:00 h

50 hm

10 hm

TOUREN TIPP

START: Kirche in Garz. Bushaltestelle Garz-Stadtmitte, Buslinie 30. Anfahrt auf der B 96 Stralsund – Rügendamm – Bergen, hinter dem Rügendamm rechts auf der Deutschen Alleenstraße nach Garz.

Rückfahrt: Von Putbus-Circus nach Garz-Stadtmitte mit der Buslinie 30.

CHARAKTER: Fahrradtaugliche Waldwanderung ohne Verkehrsbelästigung.

01 Garz; **02** Karnitz; **03** Güstelitz; **04** Putbus;

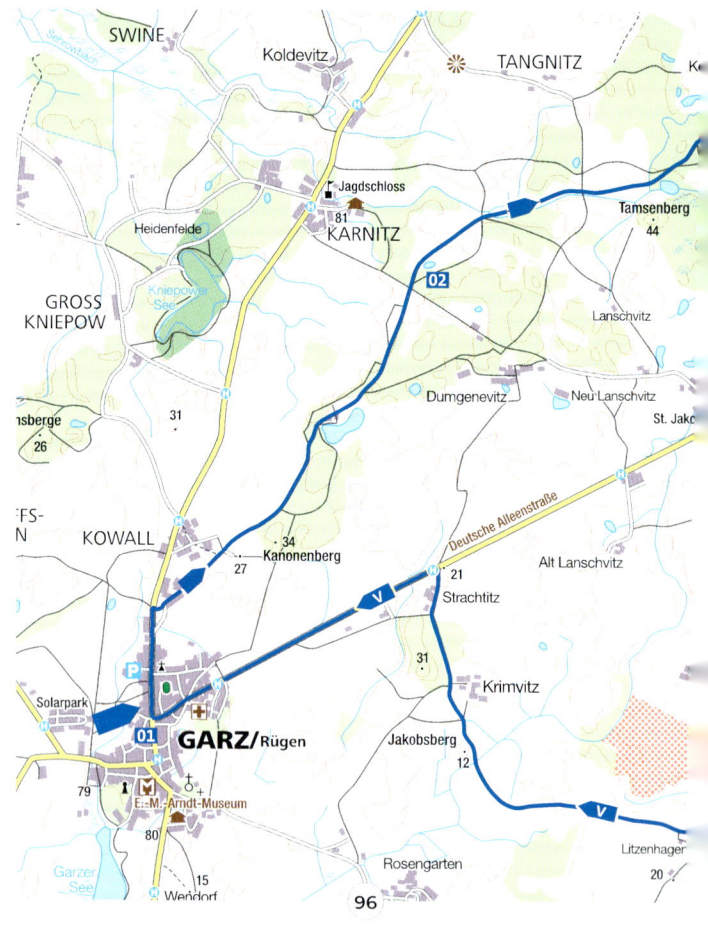

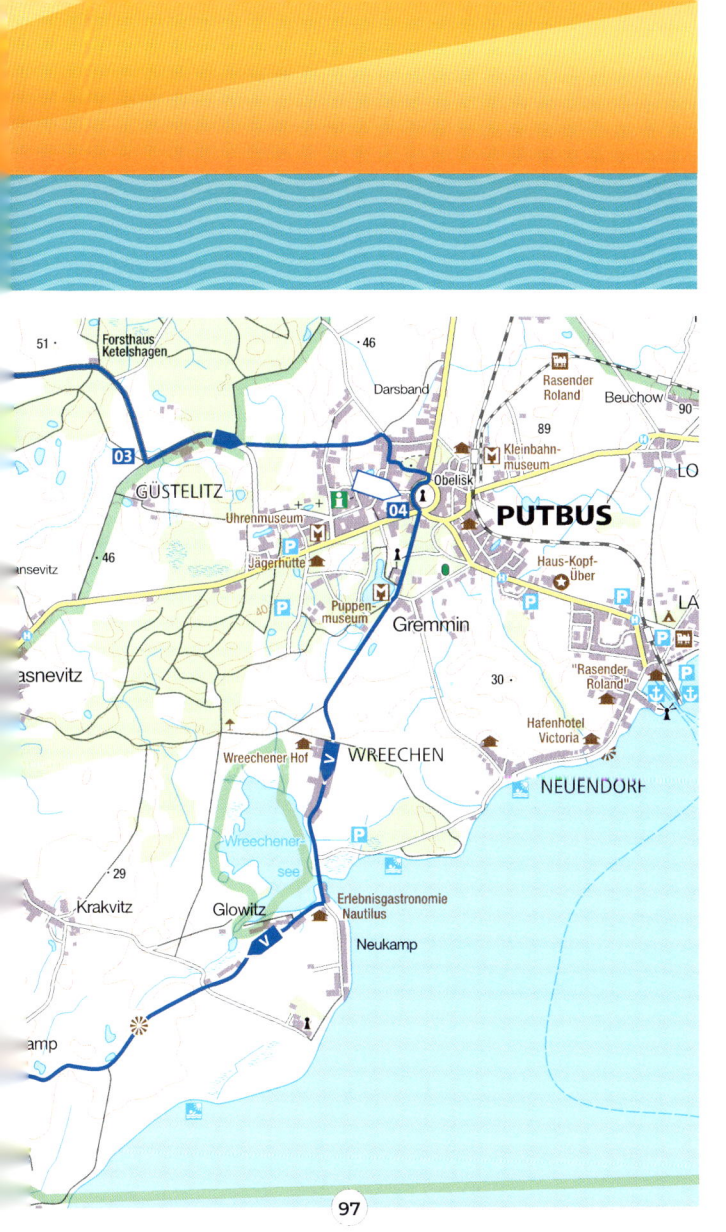

40

PROSNITZER SCHANZE

Zur engsten Stelle des Strelasunds

Während der dänischen Phase des Dreißigjährigen Kriegs ließ der kaiserliche Feldherr Albrecht von Wallenstein 1628 an der strategisch wichtigen engsten Stelle des Strelasunds die Prosnitzer Schanze errichten. 15.000 kaiserliche Soldaten standen zu diesem Zeitpunkt auf Rügen, um die Insel gegen die Dänen zu schützen – eine Hungerkatastrophe unvorstellbaren Ausmaßes war die Folge. Auch während des dänisch-schwedischen Kriegs 1678 kam es hier zu Gefechten, und während der napoleonischen Kriege wurde die Schanze 1808 ausgebaut. Letztmals war sie von militärischer Bedeutung während des 2. Deutsch-Dänischen Kriegs 1864, ehe sie von friedlichem Grün überwuchert wurde.

Prosnitzer Schanze

10 km
3:00 h
35 hm
35 hm

TOUREN TIPP

START: Bushaltestelle in Gustow, neben der Kirche. Buslinie 30. Anfahrt auf der B 96 Stralsund – Rügendamm – Bergen, hinter dem Rügendamm rechts auf der Deutschen Alleenstraße nach Gustow.

CHARAKTER: Bequeme Wanderung auf Feldwegen, zuletzt auf kleiner Fahrstraße.

01 Gustow; **02** Prosnitzer Schanze

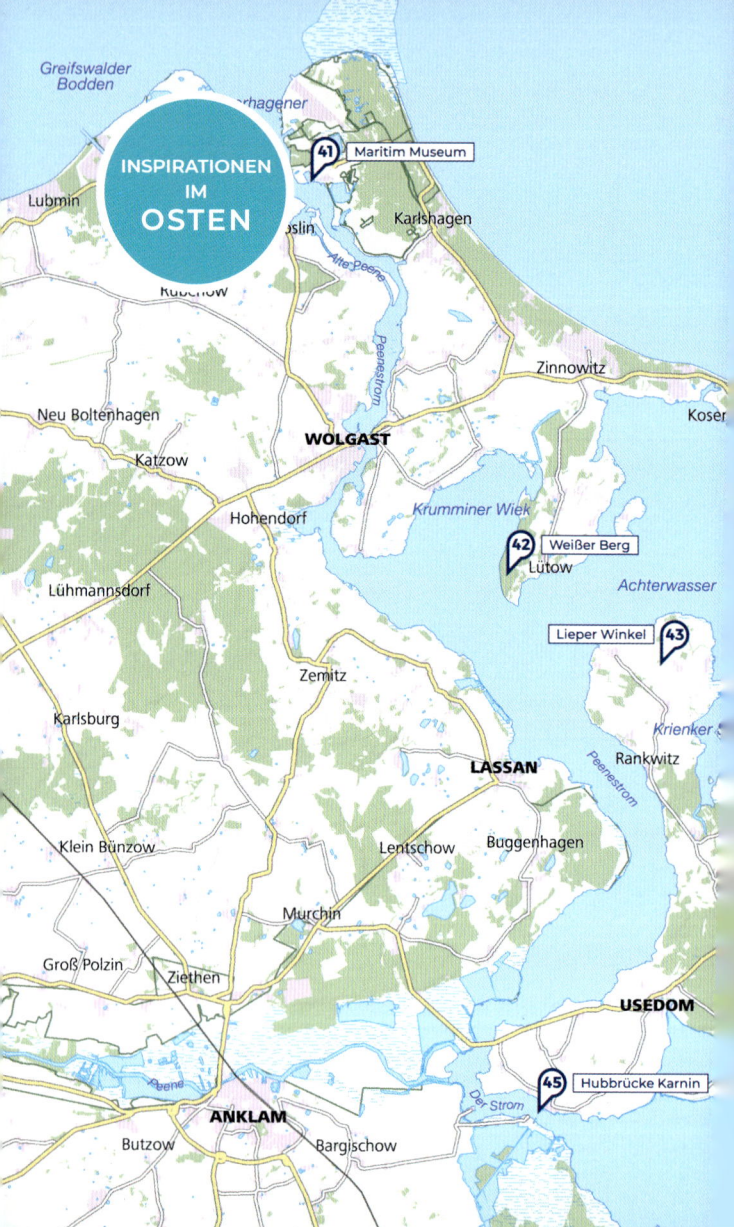

INSPIRATIONEN IM OSTEN

Greifswalder Bodden

Lubmin

erhagener

41 Maritim Museum

oslin

Karlshagen

Alte Peene

Rubenow

Neu Boltenhagen

Zinnowitz

Koser

WOLGAST

Katzow

Peenestrom

Hohendorf

Krumminer Wiek

42 Weißer Berg

Lutow

Achterwasser

Lühmannsdorf

Lieper Winkel 43

Zemitz

Krienker

Karlsburg

Rankwitz

LASSAN

Peenestrom

Klein Bünzow

Lentschow

Buggenhagen

Murchin

Groß Polzin

Ziethen

USEDOM

Peene

45 Hubbrücke Karnin

Der Strom

ANKLAM

Butzow

Bargischow

44 Strandpromenade Bansin

Pommersche
Bucht

Schmollensee

Heringsdorf

mer See · Benz · Göthensee

lenthin

Beek

Korswandt

SWINEMÜNDE
SWINOUJŚCIE

Swine

Dargen

Mellinfahrt

Stara Swina

Loșnitz

Kamminke

Rick-Strom

Oderhaff

Stettiner Haff

Großes Haff

MARITIM MUSEUM

Von Wolgast nach Peenemünde

Am Hafen von Peenemünde 10 angekommen, fällt der Blick auf ein ausgedientes U-Boot der Baltischen Flotte, das zum Maritim Museum U-461 gehört. Es ist das größte U-Boot-Museum der Welt und zeigt das ehemalige sowjetische Unterseeboot U-461 und dessen Geschichte.

Das U-Boot-Museum

01 Wolgast am Museumshafen;
02 Schlossinsel; **03** Klappbrücke;
04 Hafen von Zecherin;
05 Karlshagen; **06** Linksabbiegung; **07** Weggabelung;
08 Piese; **09** Cämmerer See;
10 Hafen von Peenemünde;
11 Bahnhof Peenemünde

14 km

3:30 h

10 hm

10 hm

TOUREN
TIPP

START: Wolgast, Museums-
hafen auf der Schlossinsel.

CHARAKTER: Abwechslungs-
reiche Wanderung ohne
Höhenunterschiede, zum
Teil auf dem Deich.

WEISSER BERG

Spezielles Gipfelerlebnis

Der Weiße Berg, der seinem Namen alle Ehre macht (auch wenn er nur 32 m hoch ist), ist gekennzeichnet durch seine schroff abfallende Steilküste. Den Ausblick über die Bucht des Krumminer Wiek und den Peenestrom lohnt den Anstieg allemal und man sollte sich diesen nicht entgehen lassen!

Naturstrand auf der Halbinsel Gnitz

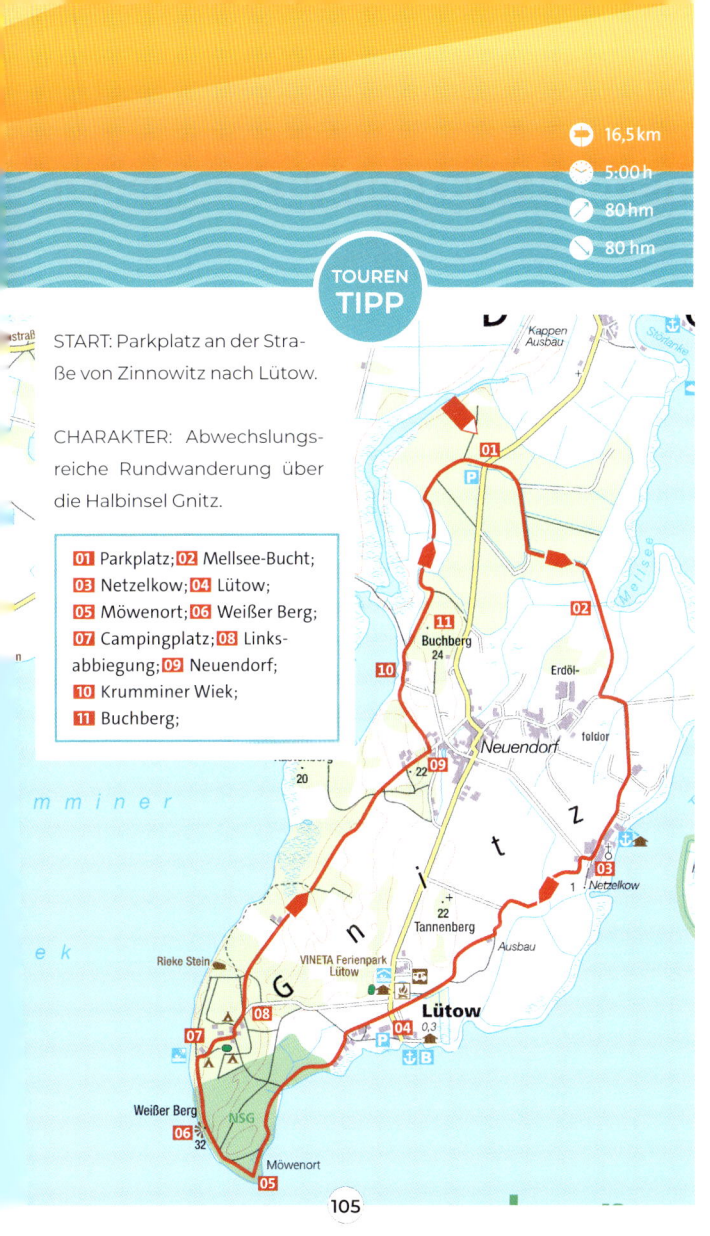

16,5 km

5:00 h

80 hm

80 hm

TOUREN TIPP

START: Parkplatz an der Straße von Zinnowitz nach Lütow.

CHARAKTER: Abwechslungsreiche Rundwanderung über die Halbinsel Gnitz.

01 Parkplatz; **02** Mellsee-Bucht; **03** Netzelkow; **04** Lütow; **05** Möwenort; **06** Weißer Berg; **07** Campingplatz; **08** Linksabbiegung; **09** Neuendorf; **10** Krumminer Wiek; **11** Buchberg;

LIEPER WINKEL

Unbekanntes Kleinod an der Ostsee

Der Lieper Winkel ist eine rund 20 km² große Halbinsel, die im Süden über eine Landenge mit der Insel Usedom verbunden ist. Auf der Halbinsel zwischen Peenestrom und Achterwasser findet man noch Ruhe und Idylle abseits des großen Tourismus. Reetgedeckte Fachwerkhäuser verleihen dem Lieper Winkel einen besonderen Charme.

Traditionelles Haus mit mächtigem Reetdach im Lieper Winkel

17 km

5:00 h

80 hm

80 hm

TOUREN
TIPP

START: Rankwitz auf der Halbinsel Lieper Winkel.

CHARAKTER: Abwechslungsreiche Rundwanderung in unberührter Landschaft.

02 Warthe

Fischer-
häuser

Warthe
Ausbau

Teufelstein

L i e p e r

03

Grüssow

Reestow

W i n k e l

Schwentenberg

Liepe

Kreuzer Ort

Quilitz

Jungfernberg

18

Rankwitzer Hof

Rankwitz

Heimathof

Lienker See

Dewichow

01 Hafen von Rankwitz;
02 Warthe; **03** Reestow;

12
Schwarz

Rankwitz Hafen

01

Sassebruch

Flanieren auf der Kaiserbäderpromenade

Wie die Perlen einer Kette säumen die mondänen Villen des ausgehenden 19. und beginnenden 20. Jh. die Strandpromenade von Bansin. Auf der Kaiserbäderpromenade von Bansin über Heringsdorf nach Ahlbeck zu flanieren, ist wie eine Reise in längst vergangene Zeiten. Prunk und Glanz des Ensembles sind heute herrschaftlicher denn je.

Seebrücke in Ahlbeck – die älteste Seebrücke an der Ostsee

6 km

1:30 h

30 hm

30 hm

TOUREN TIPP

START: Bahnhof Bansin.

CHARAKTER: Einfache Wanderung entlang der Strandpromenade. Die Wanderung ist gut für Familien mit Kindern geeignet. Plane entsprechend mehr Zeit ein, die Kinder werden unterwegs am Strand bestimmt immer wieder einen Stopp einlegen wollen. Für den Rückweg bietet sich die Schifffahrt als Höhepunkt für die Kleinen an.

01 Bahnhof von Bansin; **02** Strandpromenade; **03** Seebrücke von Bansin; **04** Seebrücke; **05** Seebrücke; **06** Bahnhof Ahlbeck;

45

HUBBRÜCKE KARNIN

Ruinen einer Brücke

Bei Karnin stehen im Peenestrom die imposanten Reste der Eisenbahnhubbrücke – heute ein beliebtes Fotomotiv. Anschließend erwartet uns im beschaulichen Mönchow ein hübscher Lotsenturm, ein schönes Kirchhof-Ensemble und ein imposantes Mausoleum. Entlang des Deichs geht es danach mit weitem Blick über das Haff nach Usedom.

Eindrucksvolle Ruine – die Hubbrücke Karnin im Peenestrom

8,9 km

2:00 h

20 hm

20 hm

START: Bushaltestelle Use-
dom-Karnin Brücke.

CHARAKTER: Einfache, land-
schaftlich und kulturell abwechslungsreiche Tour.

01 Karnin Bushaltestelle;
02 Mönchow; 03 rechts zum
Deich; 04 Westklüne; 05 Stadt
Usedom; 06 Anklamer Tor;
07 Geschwister-Scholl-Straße
Bushaltestelle

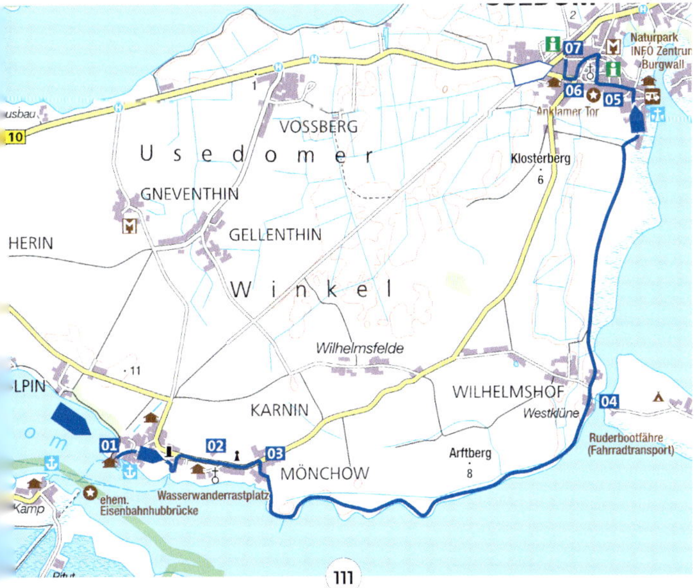

Beste Reisezeit

Die Ostsee mit ihrer faszinierenden Küstenlandschaft und den malerischen Städtchen, bietet zu jeder Jahreszeit eine einzigartige Reiseerfahrung. Die beste Reisezeit hängt jedoch von persönlichen Vorlieben ab.

Im Sommer locken die warmen Monate von Juni bis August mit angenehmen Temperaturen und sonnigem Wetter. Dies ist die ideale Zeit für entspannte Strandtage, Wassersportaktivitäten und gemütliche Spaziergänge entlang der Promenaden. Die lebhaften Seebäder wie Warnemünde oder Kühlungsborn erstrahlen in dieser Zeit in ihrem vollen Glanz, mit belebten Stränden und zahlreichen Veranstaltungen.

Der Herbst an der Ostsee hat ebenfalls seinen Reiz, wenn die Touristenströme abnehmen und die Natur sich in warmen Farben präsentiert. Spaziergänge in den Küstenwäldern und der Besuch von traditionellen Fischerdörfern verleihen dieser Jahreszeit einen besonderen Charme. Auch kulinarisch kannst du regionale Spezialitäten, wie frischen Fisch oder deftige Eintöpfe, in gemütlichen Restaurants genießen.

Für Liebhaber des Winters bietet die Ostsee eine ruhige und besinnliche Atmosphäre. Frostige Temperaturen sorgen für eine idyllische Winterlandschaft, während die Städte mit ihren Weihnachtsmärkten und festlichen Veranstaltungen zum Verweilen einladen. Ein Spaziergang am einsamen Strand, eingehüllt in warme Winterkleidung, verspricht eine ganz besondere Erfahrung.

Kurz gesagt, die Ostsee hat das ganze Jahr über ihren eigenen Reiz. Ob Sonnenanbeter im Sommer, Naturliebhaber im Herbst oder Winterromantiker – jeder findet hier zu jeder Jahreszeit sein persönliches Highlight.

HINWEISE, TIPPS
und Legende

Um die Tourenauswahl zu erleichtern, erscheint jede Routenbeschreibung in einer eigenen Farbe:

LEICHT
Hier handelt es sich um gut angelegte Wege ohne echte Gefahrenstellen, die auch für „Einsteiger" gut geeignet sind. Das schließt allerdings kräftige Steigungen nicht aus. Die meisten dieser Routen sind ausreichend beschildert und markiert.

MITTEL
Diese Wege und Pfade führen schon durch anspruchsvolleres Gelände, können also steil, steinig und nach Regen sehr rutschig sein. Kurze abschüssige und ausgesetzte Passagen erfordern Trittsicherheit und Schwindelfreiheit; einige davon können auch mit Stahlseilen bzw. Leitern gesichert sein.

AUSRÜSTUNG
Für die hier vorgestellten Touren empfehlen wir feste, aber nicht zu schwere (Wander-)Schuhe mit griffiger Sohle sowie wind- und regendichte Kleidung. Was sonst noch in den Rucksack gehört: Reservewäsche, eine leichte Kopfbedeckung als Sonnenschutz, die entsprechende Verpflegung und vor allem genug Getränke. Faktoren wie Wetter, die Wegbeschaffenheit und individuelle Voraussetzungen sind zu berücksichtigen.

Verkehr

Autobahn		S-Bahn	
Schnellstraße		Standseilbahn	
Hauptstraße / Bundesstraße		Seilbahn, Gondelbahn	
Nebenstraße, schmale Nebenstraße		Sessellift	
Fahrweg, Forstweg / Güterweg		Schifffahrtslinie	
Karrenweg		Hafen	
Fußweg, Steig		Schiffsanlegestelle	
Gletscherübergang		Personenfähre	
Straße in Planung, Straße in Bau		Autofähre	
Tunnel		Parkplatz, Parkhaus	
Eisenbahn mit Bahnhof / Haltestelle		Bushaltestelle	
Eisenbahntunnel		Flughafen	
		Flugplatz / Sportflugplatz	

Relief und Vegetation

Gewässer, Sumpf / Moor		Naturschutzgebiet / Nationalpark / Naturpark	
Heide, Sand		Höhenlinien Äquidistanz 20m	
Wald, Kampfwald (Latschen, Krummholz)		Wein, Obst / Hopfen	
Fels, Geröll			

Sport und Freizeit

Minigolf, Spielplatz		Bootsverleih, Angeln	
Fitnessparcours, Grillplatz		Hallenbad, Freibad / Badesee	
Klettersteig, gesicherter Wegabschnitt		Sportplatz, Sprungschanze	
Wildpark, Findling			

Touristische Hinweise

Information, Jugendherberge		Krankenhaus / Notarztstation	
Hotel / Gasthof / Restaurant		Aussichtsturm	
Schutzhütte / Berggasthof (im Sommer und Winter)		Schöner Ausblick, Rundblick	
Schutzhütte / Berggasthof (Sommerbewirtschaftung)		Kirche, Wallfahrtskirche	
Jausenstation / Almwirtschaft / Imbissstube		Kapelle, Denkmal	
Buschenschenke / Heuriger, Unterstand		Burg / Schloss, Ruine	
Hütte / Biwak (unbewirtschaftet)		Kloster	
Campingplatz, Sehenswürdigkeit		Ausgrabungen, ehemalige Festung	
Museum, Museumsbahn		Wegkreuz	
		Bildstock, Bildbaum	
		Höhenpunkt, Gipfelkreuz	

Der Kartenmaßstab dieses Ratgebers variiert; die Touren-karten dienen der Orientierung. Karten mit idealem Maßstab findest du in unseren Kompass-Wander-führern „Wanderlust Deutsche Küste" und „Rügen".

Unsere Inspirationen beinhalten alle Wandertouren als Tipps und als Vorschlag, um ans Ziel zu kommen. Ausführliche Beschreibungen und noch viele weitere Tourenvorschläge findet man in unseren Wanderführern und weiteren Outdoor Reihen wie „Dein Augenblick" und „Endlich".

Ein weiterer Tipp ist die KOMPASS-Wanderkarte. Damit lassen sich Touren perfekt planen und auch die Orientierung bei schwierigeren Touren ist damit perfekt zu bewältigen. KOMPASS-Wanderkarten zeigen alle Informationen der Landschaft. So lassen sich auch noch weniger bekannte Orte, kleine Seen, versteckte Gipfel und wilde Bäche finden. Eine Wanderkarte ist wie eine Schatzkarte für neue Ziele. Sie zeigt auch, welche Wanderwege, Fahrradwege, Klettersteige und Zufahrtsstraßen es gibt. Öffentliche Verkehrsmittel sind ebenfalls eingezeichnet, genauso wie Parkplätze, Hütten und Almen.

Eine Wanderkarte voller Vorfreude auszubreiten ist schon der erste Schritt in den Urlaub oder das neue Abenteuer. Sie ist aber auch ein herrliches Erinnerungsstück an all die Erlebnisse, die man damit verbindet.

DIE PASSENDEN WANDERFÜHRER
& GEDRUCKTE KARTEN

Dein Augenblick
Ostsee

mit 30 Touren zu
Traumzielen

Wanderführer
Rügen

mit 55 Touren und
Extra-Tourenkarte

Wanderlust
Deutsche Küste

100 Traumpfade
an der Küste

IMPRESSUM

Herausgeber: © KOMPASS-Karten GmbH

Karl-Kapferer-Straße 5, A-6020 Innsbruck

1. Auflage 2024 (24.01), Verlagsnummer 8115,

ISBN 978-3-99154-118-9

Konzept und Bildnachweis

Konzept & Gestaltung: © KOMPASS-Karten GmbH

Projektbetreuung: Julia Flory, KOMPASS-Karten GmbH

Text: KOMPASS-Karten-Autoren Bernhard Pollmann (†),

Raphaela Moczynski sowie Stephan Bernau, Mag. Dr. Julia Bihar,

Christine Jacobi und KOMPASS-Karten GmbH.

Grafische und kartografische Herstellung: © KOMPASS-Karten GmbH

Kartenausschnitte: © KOMPASS-Karten GmbH unter Verwendung

OpenStreetMap Contributors (www.openstreetmap.org)

Titelbild: Der eindrucksvolle Königsstuhl auf Rügen © Rico Ködder;

Design Kompass Karten GmbH

Bildnachweis: Alle Bilder stammen, falls nicht anders angegeben

von Bernhard Pollmann (†)

S. 3: © Superhasi - stock.adobe.com; S.11: © Nordreisender stock.adobe.

com; S. 12/13: © Rico Ködder - stock.adobe.com; S. 16: © Michi S – Pixabay; S.

18: © Gemeinde Behrensdorf; S. 20: © Andreas Hilbeck - pixelio.de; S. 22: ©

neurolle-rolf - pixelio.de; S. 24: © Andreas Hilbeck - pixelio.de; S. 26: © Sven L.

- pixelio.de; S. 28: © ODIRF - Pixabay; S. 30: © Angelika Bentin - stock.adobe.

com; S. 32: © Loloame - Pixabay; S. 34: © Angelika Bentin- stock.adobe.

com; S. 36: © Erich Westendarp - Pixabay; S. 40: © Peggy Choucair - Pixabay;

Alle Angaben und Routenbeschreibungen wurden nach bestem Wissen gemäß unserer derzeitigen Informationslage gemacht. Die Wanderungen wurden sehr sorgfältig ausgewählt und beschrieben, Schwierigkeiten werden im Text kurz angegeben. Es können jedoch Änderungen an Wegen und im aktuellen Naturzustand eintreten. Wanderer und alle Kartenbenützer müssen darauf achten, dass aufgrund ständiger Veränderungen die Wegzustände bezüglich Begehbarkeit sich nicht mit den Angaben in der Karte decken müssen. Wir aktualisieren unsere Karten und Touren in regelmäßigen Abständen. Dies kann unter Umständen auch dazu führen, dass sich die Inhalte der digitalen Version eines freigeschalteten Wander- oder Fahrradführers bzw. einer Karte, von dem erworbenen Printprodukt unterscheiden. Diese Aktualisierungen sind aus rechtlichen oder sicherheitsrelevanten Gründen erforderlich und ein kostenloser Service mit Mehrwert für alle NutzerInnen. Die Verwendung dieses Führers erfolgt ausschließlich auf eigenes Risiko und auf eigene Gefahr, somit eigenverantwortlich. Eine Haftung für etwaige Unfälle oder Schäden jeder Art wird daher nicht übernommen. Für Berichtigungen und Verbesserungsvorschläge ist die Redaktion stets dankbar. Korrekturhinweise bitte an folgende Anschrift:

KOMPASS-Karten GmbH
Karl-Kapferer-Straße 5, A-6020 Innsbruck
www.kompass.de/service/kontakt

MIX
Papier | Fördert
gute Waldnutzung
FSC® C147178
www.fsc.org